Katten & ander gespuis

PROMETHEUS

Frits Abrahams

Katten & ander gespuis

2009
Prometheus / NRC Handelsblad
Amsterdam / Rotterdam

Voor Marianne en Henk, dierenvrienden

© 2009 Frits Abrahams
Omslagontwerp Janine Jansen
Foto omslag Coney! Jay – Getty Images
Foto auteur Angèle Etoundi Essamba
www.uitgeverijprometheus.nl
www.nrc.nl
ISBN 978 90 446 1299 8

Ik kan getuigen dat van alle katten die het mij vergund is geweest te kennen er geen twee hetzelfde waren.

RUDY KOUSBROEK

KATTEN

Weglopen

Het mirakel van de wachtende kat

Het kattenwegloopseizoen is weer begonnen.

Overal achter de ramen hangen kleurige, maar treurige aanplakbiljetten van katten die heen zijn gegaan en vermoedelijk nooit meer weerom zullen komen. Alle soorten, maten en leeftijden zijn vertegenwoordigd. Een kat van zeventien kan even reddeloos verdwalen als een katje van één.

Dolende katten zijn overlevers, maar ze worden er niet gelukkiger op. Een kat wil warmte en op tijd gelaafd en gespijsd worden. Net mensen dus.

In dit verband herinner ik me een sterk verhaal, een zeer sterk verhaal zelfs, dat mijn vrouw in een sentimentele bui pleegt te vertellen over onze poes Wampie, destijds drie jaar oud en moeder van zoon Joep, maar inmiddels alweer geruime tijd geleden opgenomen in de hemel voor columnistenkatten. Voor het waarheidsgehalte kan ik niet helemaal instaan, want ik was er niet zelf bij. Gelukkig zijn er in de familie enkele betrouwbare getuigen die, eventueel onder ede, bereid zijn de gang van zaken te bevestigen.

We woonden in het Groninger gehucht Zevenhuizen, op de grens van Friesland en Drenthe. Ik zat voor mijn werk in het buitenland, toen Wampie op zekere dag wegbleef. Ons huis lag met de voorkant naar het dorp gekeerd, de achterzijde grensde aan weilanden. Wat je noemt een landelijke omgeving. Als ik in de tuin zat te lezen, stonden de koeien in mijn nek te hoesten (tot dan toe had ik nooit beseft dat koeien konden hoesten).

Een ideale omgeving voor speelse jonge katten, zou je zeggen. Maar intussen waren bij onze buren in korte tijd al twee katten vermist en nooit meer teruggevonden. Verdwaald? Vergiftigd? Liep er een kattenmepper rond met een voorliefde voor de katten van nieuwkomers? We hebben het nooit geweten.

Het was in ieder geval niet verwonderlijk dat mijn vrouw het ergste vreesde. Ze zocht tevergeefs overal in het dorp, samen met haar zus (de eerste getuige). Opeens herinnerde ze zich dat iemand van een woninginrichting overdag bij ons een vloerzeil had gelegd. Zou Wampie in zijn bestelauto zijn gesprongen en onvrijwillig zijn meegereisd toen de man naar huis ging?

Bellen met het bedrijf. Nou u het zegt, zei de man van het vloerzeil, toen ik later in de middag uitstapte bij een klant in Nieuw-Roden, heb ik inderdaad een kat bij mijn auto gezien. Een lapjeskat? Hij dacht van wel.

Het was in de buurt van een kerkhof geweest, minstens vijf kilometer van ons huis. Inmiddels waren er een uur of zes verstreken. Het schemerde en mijn vrouw wanhoopte al. Het leek uitgesloten dat een kat zonder enig geurspoor de weg naar huis zou kunnen vinden. Dus ging ze met haar zwager (de tweede getuige!) per auto op onderzoek uit bij het kerkhof.

Ze stapte uit en tikte met een lepel op een schoteltje – dé manier waarop we Wampie 's avonds altijd binnen kregen. En, waarde lezer, ik weet niet hoe het u vergaat, maar mij springen weer de natte tranen in de natte ogen als ik de stem van mijn vrouw hoor zeggen: 'Ze kwam onmiddellijk uit het donker op mij af, luid miauwend, en sprong in mijn armen.'

Soms verdenk ik haar ervan dat ze, over het kopje van die lieve kat heen, tegen mij wil zeggen: 'Van weglopen krijg je altijd spijt.'

Brand

Twee katten in levensgevaar

Werelddierendag. Ik kan niet merken dat mijn kat er wakker van ligt. Ik ook niet trouwens. Toch is het voor ons allebei wel goed om er even bij stil te staan.

Het samenleven van kat en mens kan jarenlang zo bedrieglijk rimpelloos verlopen. De een doet zijn dut terwijl de ander actief is, soms komen ze elkaar min of meer toevallig tegen en dan kan er ook even spontane genegenheid opflitsen, misschien zelf eindigend in een bevredigend vluggertje.

Pas als er iets dramatisch gebeurt, komen de oeroude gevoelens van liefde en aanhankelijkheid weer boven. Luister je mee, Anne? Dan begrijp je waarom je beter iemands *zesde* kat kunt zijn – zoals jij – dan zijn *eerste*.

Die eerste kat, Wampie, sloten wij met haar zoon Joep elke nacht op in de berging van ons huis op het Groninger platteland. Het ronddarren van de dieren door de rest van het huis gaf maar overlast en haren, haren, haren. De katten hadden een mooi plekje op een plank in de berging. Het was er warm en behaaglijk, elke kat zou daar wel willen suffen, heus.

Op een morgen schoten we tegen een uur of vijf plotseling wakker. We keken elkaar verbaasd aan. Glasgerinkel? Hadden de katten soms lege bierflesjes op de grond gegooid? We wilden verder slapen toen we een aanhoudend zuigend geluid hoorden, alsof er een windvlaag door het huis trok.

We snelden naar beneden en zagen dat de buitendeur van de berging uit zijn hengels was geblazen. In de deuropening dansten vlammen. We probeerden de berging via de binnendeur in te gaan, maar rook en vuur weerhielden ons. Daar, in die loeiende chaos, moesten onze twee katten hun laatste minuten doormaken.

We renden naar boven om de kinderen te wekken. Binnen enkele minuten stonden we buiten, in onze pyjama's – het woord schaamte komt niet voor in het woordenboek van het gevaar. Mijn vrouw zette ons geldkistje midden op straat. Waar had ze dat zo gauw vandaan? Ze was toch niet eerder van plan geweest plotseling met de noorderzon te verdwijnen?

Daar kwam de buurman al aangerend – ook in flatteuze nachtkleding. Hij vroeg of we de hoofdkraan van het gas hadden dichtgedraaid. Nee zeg, hoezo? Hij stond al binnen en wierp zich op de kraan. Daarmee redde hij ons huis. De brandweer hoefde later niet veel bluswerk meer te verrichten. Maar die katten, ach, wat vreselijk, ze hadden niet meer uit het vuur weggekund.

Toen zei een brandweerman, wijzend in de berging: 'Er zit een kat onder die commode.'

Het was Wampie, de moeder. We trokken haar voorzichtig tevoorschijn. Haar snorharen en nogal wat lichaamsharen waren weggeschroeid – die hoefden we in ieder geval niet meer op te zuigen. Maar verder was ze zo gezond als een vis, of beter: als een kat die een vis heeft gegeten.

Bijna een etmaal later meldde Joep zich in de garage, waar we eten hadden neergezet. Ook hij zag eruit als een geblakerde clown. Hij moet bij de eerste knal van de ontploffing naar buiten zijn gesmeten.

Ze leefden hierna nog lang en gelukkig met ons samen – maar voortaan wel met álle deuren in het huis wagenwijd open.

Tsjip

De ontijdige dood van een katertje

Wim van Est klautert uit het ravijn van de Aubisque en hij huilt. Het is een hartverscheurend gezicht. Die grote, sterke man met dat oude jongenshoofd, vertrokken in een smartelijke grimas. Zijn hele lichaam huilt mee.

Kun je hier nog wel van 'huilen' spreken? Bij huilen denk ik eerder aan 'snikken', een ruwere versie van schreien. Van Est trok een ander register van het verdriet open. Het dodelijk bedroefde kind kwam in hem boven. Dit was geen huilen meer, dit was grienen én janken én bulken tegelijkertijd.

Verdriet werd leed.

Jaren later, 'Wimme' is een oude man geworden. Hij mag bij de Aubisque een plaquette, gewijd aan zijn beroemde val, onthullen. Hij wendt zich af en wéér huilt hij. Korter nu, maar minstens zo intens als bijna een halve eeuw eerder.

Vreemd. De huilende man heeft altijd meer indruk op me gemaakt dan de huilende vrouw. Als ik mijn moeder vroeger zag huilen, kreeg ik medelijden. Het huilen van mijn vader maakte me overstuur. Bij de man weet je dat hij er meer schaamte voor heeft overwonnen. De mannelijke trots moest opzij.

Ik zat naar die vertrouwde beelden te kijken in de aan Van Est gewijde necrologieën en ik vroeg me af of ik als volwassene ooit zó gehuild had. Mensen die intiem met elkaar omgaan, vragen het wel eens: 'Wanneer heb jij nou voor het laatst écht gehuild?' Dan moet je vaak diep nadenken – of je doet alsof, omdat je het niet wilt zeggen.

De huilende Wim van Est bracht een oud voorval in mij boven.

Het gebeurde in de jaren zeventig op het Groninger platteland. Kinderen kwamen met een gevonden katje bij ons aan de deur. Hun moeder dacht dat hij van ons was en 'anders moest-ie maar weg'. Het was een rossig katertje, een paar maanden oud.

Binnen sprong hij, de slimme donder, meteen in mijn armen, waarop ik de historische woorden schijn te hebben gesproken: 'Ik geloof dat we hem maar moeten houden.'

We noemden hem Tsjip, met dank aan Elsschot. Het bleek een levendig, erg aanhankelijk katje. Hij trok meer naar mij dan naar mijn vrouw, wat ik zeer in hem prees, want meestal is het andersom.

Na een paar maanden moest hij gecastreerd worden. De dierenarts was iemand 'van het dorp', die meer ervaring had met het grote vee dan met huisdieren. Maar dat merkten we pas nadat hij Tsjip een te zware narcose had toegediend. Hij had verzuimd hem tevoren te wegen – een routinehandeling voor een goede dierenarts.

Daar lag Tsjip. Zonder ballen, maar met een gifbom in zijn lijfje die hem permanente ademnood bezorgde. Hij beefde in al zijn vezels, terwijl zijn hart als een gek tekeerging. Over zijn ogen lag een grijs, moedeloos waas.

Het échte leven was al uit hem geweken. Drie dagen lang probeerden we hem tevergeefs op te lappen. Toen moesten we op zoek naar een *huis*dierenarts 'in de stad'.

Op de heenweg beet Tsjip mijn vrouw, die hem vasthield, in haar hand – zijn laatste teken van leven. Toen we hem bij de arts op tafel legden, was hij al dood.

Vijf minuten later stonden we weer buiten, op de Ubbo Emmiussingel. Op dat moment veranderde ik even in Wim van Est.

Vakantie

De kat blijft alleen achter

Het is nooit leuk om met schuldgevoel op vakantie te gaan. Wroeging knaagt als een muis achter de façade van het plezier. Steeds weer dezelfde vragen.

Hadden we het haar op haar leeftijd wel mogen aandoen?

Wordt er goed op haar gepast?

Zal ze haar pilletjes wel slikken uit vreemde hand?

Wat gebeurt er als ze plotseling een beroerte krijgt?

Nee, ik heb het niet over mijn oude moeder. Die kan zich nog wel redden. Zij heeft 'tafeltje-dek-je', een lieve bovenbuurvrouw en een redelijk fitte man bij de hand.

Ik heb het over mijn poes Tutu (spreek uit: Toetoe), óók een stokoude dame, maar veel kwetsbaarder. Zij leeft op een uitgekiend nierdieet, waarvan de balans fataal verstoord kan worden als er te veel oneigenlijke ingrediënten aan worden toegevoegd. Maar die ingrediënten zijn wél noodzakelijk om haar dat smerige dieet te doen opeten.

Zoals je voor een kind de bittere pil verguldt met wat vanillevla, zo slikt mijn poes haar levensreddende dieet alleen als het doordesemd is van Sheba, door menige kat beschouwd als de biefstuk onder het kattenvoedsel. (Om misverstanden te voorkomen: dit stukje wordt níet mogelijk gemaakt door de Sheba-fabrikant. Ik vertel, als altijd, de naakte waarheid.)

Mijn kat neemt nooit genoegen met één soort Sheba, want dat zou te saai worden. Na veel gezeur, gekieskauw en zelfs keiharde weigeringen heeft ze ons tot een uitgebreide menukaart gedwongen, waarop afwisselend vermeld staan: Sheba met brokjes kip en lam in saus (bouchées au poulet et à l'agneau en sauce), Sheba met stukjes kip en kalkoen in saus (sauté au poulet et à la dinde) en Sheba met zalm (terrine au saumon).

Geven wij per abuis een te droge paté van Sheba, dan wordt onmiddellijk de gerant naar de etensbak gemiauwd en dreigt de hele zaak op stelten te worden gezet.

Hoe breng je al deze verfijningen in de omgang tussen twee mensen en één dier op een buitenstaander over als je op vakantie gaat? Het is een onmogelijke opgave. Je doet wat je kunt, maar diep in je hart weet je hoe gemakkelijk de misverstanden kunnen toeslaan.

Ach, ik laat haar toch maar even buiten, denkt de kattenoppas straks, zo zielig zo'n katje dat altijd maar binnen moet blijven.

Nee, in godsnaam! Mijn poes mag niet meer buiten. Ze is zo doof als een dooie kwartel en ze kan zich niet verdedigen.

Ander gevaar: zal ze niet haar nek breken als ze van die metershoge kast probeert te komen, waarop ze altijd springt als er onrust in haar darmen heerst? ('Ik moet eigenlijk op de bak,' lijkt ze daarmee te willen zeggen, 'maar ik stel het liever uit.')

Na een week vol angstvisioenen op je vakantieadres durf je nauwelijks meer thuis te komen. Daar knarst de sleutel in het slot. Geen kat te zien. Op naar de woonkamer. Ah, daar is ze, in diepe slaap. Tien minuten later

ontwaakt ze, knipoogt meewarig, groet kort, maar niet
onvriendelijk en loopt bedaard naar het menu van de
dag.

Reukhinder

Okselfris door het kattenleven

Het dier is geld geworden.

Ik kon tot geen ander inzicht komen, terwijl ik over de Dibevo in de Utrechtse Jaarbeurshallen dwaalde, een vakbeurs voor de detailhandel in benodigdheden voor huisdieren.

Big business alom. Ontbijtsnacks voor de hond, droge kroketten voor de kat, ontwormingsdiëten, enorme hokken-met-buisconstructies voor de fret, peperdure trimtafels voor de poedel, aquaria die groot genoeg zijn om af en toe je echtgenoot in onder te dompelen, knaagstaven voor de hamster (die je nu ook in drie kleuren kunt krijgen, die hamster bedoel ik), homeopathische geneesmiddelen om de allergie van de parkiet te bestrijden – het was er allemaal op deze beurs, die overigens alleen voor groothandelaren en winkeliers toegankelijk was.

We zijn dol op onze huisdieren, maar wat me opviel was dat veel accessoires erop gericht zijn de veronderstelde overlast te minimaliseren. Zo mogen onze lievelingen absoluut niet meer stinken. Ze moeten voortaan okselfris door het leven gaan. Zelfs het woord 'stank' wordt in de reclameteksten vermeden en vervangen door het eufemisme 'reukhinder'.

Op zeker moment stond ik oog in oog met de *LitterMaid*, een zelfreinigende kattenbak. De LitterMaid bevat sensoren die waarnemen wanneer de kat op de bak gaat. Tien minuten later worden alle uitwerpselen met een harkje uit het 'fijn klompvormend grit' gehaald en in een luchtdicht reservoir gedeponeerd, waardoor 'er geen nare luchtjes meer ontstaan'.

In een bijhorende folder werden enkele katten hierover geïnterviewd. Doorgaans houden katten niet van interviews, maar ze willen kennelijk wel een uitzondering maken als ze de vragen tevoren krijgen opgestuurd. Volgens de tekstschrijver zei een van hen: 'Ik vind het fijne grit heel fijn en ik vind het leuk om te zien hoe de hark al het vuil meeneemt. Nu heb ik altijd een schoon toilet.'

Thuis heb ik later ook mijn eigen poes even proberen te interviewen over de wenselijkheid van deze LitterMaid, maar ze zei schoudertjesophalend alleen maar: 'Ik kak lekker, jij ook?'

Er stonden op deze vakbeurs veel blitse dames en heren hun waren te verkopen. Gedreven zakenmensen, ongetwijfeld, maar hoe groot zou hun kennis van en liefde voor het dier zijn?

Dieren zelf waren er amper te zien, op wat treurende flamingo's, slapende fretten en weerzinwekkend getrimde honden na.

Ik belandde bij een quiz voor personeel van dierenspeciaalzaken. Ze wisten bijna geen enkele vraag goed te beantwoorden. Zelfs niet de vraag: wat is de draagtijd van een poes?

'Zes maanden,' zei iemand.

Ook dit vertelde ik mijn poes, waarop die huiverend zei: 'Negen weken vond ik méér dan genoeg.'

Hitte

Een wijsheid van de dierenarts

Wat je op een withete, verschroeiende zomerdag beter niet kunt doen, dat is met een kat van zeventien jaar, zoals onze Tutu, in een krap mandje de overvolle, hevig slingerende tram naar de dierenarts nemen.

En áls je dat doet, zul je toch op zijn minst tot in de finesses de kunst moeten beheersen van het laten afstempelen van je kaartje met je mandje in de andere hand, terwijl de tram als een dronken monster een sprong vooruit maakt en jou drie meter verderop probeert te gooien.

Ben je ook niet erg getalenteerd in bijvoorbeeld het veroveren van een zitplaats onder deze omstandigheden, dan kun je beter thuisblijven of een taxi nemen. Ik kwam er allemaal te laat achter en moest steeds denken aan de terugblik van voormalig defensieminister Relus ter Beek op het zenden van troepen naar Srebrenica: 'Met de kennis van nu zou ik het niet gedaan hebben.'

Maar hoe gaat dat: je wilt het beste voor mens of dier, en alle goede bedoelingen ontploffen in je gezicht nog voordat je de hoek van de straat bereikt hebt. Voor waarschuwingssignalen blijf je zo lang mogelijk doof – dat hoort bij je psychologische bagage van bezorgde weldoener.

In mijn geval leidde dat ertoe dat ik te weinig acht sloeg op het doordringende gemiauw dat buiten in de loden warmte onmiddellijk begon. Chantage? Dat nooit. Het werd bovendien hoog tijd voor die injectie tegen kattenziekte en dat urineonderzoekje.

Halverwege de rit miauwde ze niet meer. Ze ademde alleen nog maar, en zorgelijk moeizaam, als een hond die het stikkens benauwd heeft. Wat te doen? Uitstappen en omkeren? In die hitte? We waren er toch al bijna?

Toch nog aangekomen bij de dierenarts braakte ze op het linoleum voor de assistente onmiddellijk haar laatste maaltje uit. Dizzy liet ze vervolgens alles met zich doen waar katten zich zo furieus tegen kunnen verzetten. De arts luisterde naar haar razende hartenklop en zei: 'Oude dieren kunnen net als oude mensen hun warmte moeilijk afgeven.'

Zo'n wijze zin die je weer te binnen zal schieten als je zelf oud bent. Ik vervloekte mezelf. Waarom was me dat nooit eerder opgevallen? Misschien omdat katten zo verstandig zijn – veel verstandiger in ieder geval dan mensen – en de koelte opzoeken voordat ze het te warm krijgen?

Hij gaf haar een injectie en zette haar terug in het mandje. 'Ik zou terug een taxi nemen,' zei hij, maar dat besluit had ik al genomen. Ik genoot van het vooruitzicht: een snel ritje terug in een koele auto. Kon ik nog iets goedmaken.

Maar ik had me beter in een emmer met warme stroop kunnen laten vervoeren. 'Wij hebben geen airconditioning,' legde de chauffeur uit toen we al reden. 'We vonden het te duur.'

Ja, ze leeft nog.

Het vonnis

'Wilt u een collectieve crematie?'

We arriveerden met onze zieke kat te vroeg in de dierenspoedkliniek. Een buldog wiens kaak een eindeloze, bloederige slijmdraad produceerde, moest eerst onder het mes.

Ik probeerde de tijd in de wachtkamer te doden met de lectuur van enkele, door tevreden klanten volgeschreven, plakboeken. De toon van de meeste brieven was buitengewoon monter, vooral wanneer de behandelde huisdieren zélf de pen ter poot hadden genomen.

'Beste mensen,' schreef een wit poedeltje, 'ik ben een niertje bij u kwijtgeraakt, maar het gaat sindsdien weer reuzegoed met mij. De blafgroetjes.' En een kater liet ons weten: 'Ik had een stuk plastic gegeten, maar u heeft mij goed geholpen en mijn wond is helemaal genezen. Ik kan u verzekeren dat ik zelfs alweer reuzeondeugend ben geworden. Hartelijk dank voor de behandeling, een lieve kattenpoot van...' (Om redenen van privacy laat ik de namen onvermeld.)

Ik weet zeker dat ook onze poes Tutu een uitzinnig blij bedankbriefje zou hebben geschreven als de dierenarts een wonder bij haar had kunnen verrichten, maar daar was geen denken aan. De nieren wilden niet meer. En als een kat eenmaal last krijgt van zijn nieren, kun je de Grote Kattenmepper al in de verte horen grijnslachen.

De jonge dierenarts luisterde aandachtig naar onze

ervaringen, en was zo diplomatiek om ons zelf het doodvonnis te laten uitspreken. Toen pakte hij de spuiten. Meervoud – inderdaad. Hoe bedroefd de katteneigenaar ook is, hij moet er altijd op aandringen dat de dierenarts twéé spuiten geeft. Eén om de kat te verdoven en één finale injectie. Als de eerste spuit overgeslagen wordt – ik ken een geval waarin het zelfs geweigerd werd – lijdt de kat nodeloos veel.

Maar deze dierenarts verstond zijn vak en liet Tutu zó vredig inslapen dat ik bijna zin kreeg met haar mee te gaan naar de Elysische valleien. Dan was ze ook niet zo alleen geweest.

Toen alles achter de rug was, vroeg de arts ons: 'Wilt u een individuele of een collectieve crematie of een begrafenis? Of moeten we haar meegeven aan een destructiebedrijf?'

Omdat je op zulke momenten de neiging hebt het hele leven als één groot, inhalig destructiebedrijf te zien, besloten we tot collectieve crematie. Er is in Amsterdam een dierencrematorium waar ze voor een redelijk bedrag zo'n crematie uitvoeren.

Is er een duidelijker bewijs dat er wel degelijk terreinen zijn waarop de beschaving voortschrijdt? Toen we twintig jaar eerder onze eerste kat moesten laten inslapen, vond de dierenarts het vanzelfsprekend dat we er niet bij bleven. 'U kunt wel gaan,' zei hij, alsof hij op het punt stond een illegale abortus te plegen. Het lijkje zou hij wel 'bij het afval' zetten.

Nu zouden we bij Tutu zo'n wreed afscheid halsstarrig hebben geweigerd. We kwamen laat thuis van de dierenspoedkliniek. We deden de deur open en we hoorden niets, helemaal niets. Dat was het moeilijkste moment.

Neeltje (1)

Hoe een zwerfkat zich laat vangen

Het is niet bijster aangenaam om 's winters op een zaterdagochtend om kwart over acht op een hoek van de pc Hooftstraat in Amsterdam-Zuid te staan. Het is er koud en nog schemerig en je wekt, eenzaam wachtend, de indruk van een man die na een lange, overspelige nacht door zijn vrouw is buitengesloten.

Toch stond ik er. Ik moest wel, als ik wilde zien hoe Marianne en Ronald straks een kat vingen. Marianne en Ronald zijn grote kattenvrienden. Ze trekken zich vooral het lot aan van de zwerfkat in Amsterdam, waarvan er alleen al in de Bijlmer duizenden zijn.

'In het voorjaar spreken wij van de *kattenregen*,' zegt Ronald, die als assistent in een dierenkliniek in de Bijlmer werkt. 'Dan zetten de mensen de ramen en deuren open en vallen de katten bij bosjes naar beneden.'

Zwerfkatten kunnen aan een huiselijke omgeving wennen, hebben zij gemerkt. Tenzij het om echte wilde katten gaat die in de vrije natuur zijn geboren.

Marianne en Ronald kwamen aangelopen. Ronald had een vangkooi in zijn auto, maar die leek niet nodig, want daar was ons katje al: behoedzaam, maar niet overdreven schuw drentelde ze op ons af. Valt er nog wat te bikken, vroeg ze luid en duidelijk.

Marianne en Ronald bogen zich met ingehouden gretigheid voorover. Zouden ze haar zo gemakkelijk kunnen inpalmen?

Nee, besloot een dame-met-een-hondje. Ze bleef verbaasd staan, op enkele meters van het tafereel. 'Gaat u haar meenemen?' vroeg ze. Ja, ze kende het katje goed. Mevrouw was reuzespraakzaam op dit ongelegen tijdstip. Ik had bijna geroepen: 'Mevrouw, donder nu even op met dat hondje.' Maar dat zijn geen dingen die je tegen mevrouwen in Amsterdam-Zuid roept.

De zwerfkat glipte de hoek om. 'Die laat zich niet meer pakken,' zuchtte Ronald. Hij posteerde zich met een grote vangkooi bij een gangetje achter de huizenrij. Waar was Marianne eigenlijk? Diezelfde hoek om?

Jazeker. Daar kwam ze alweer aan. Mét kat. Ze hield haar aan haar nekvel omhoog, een halve meter voor haar borst. Zo kwam ze in triomf op ons afgespurt. Een mirakel, vond Ronald, terwijl hij haastig een kleinere kooi opende en de kat erin stopte. Marianne had haar met een blikje voer vanonder een auto gelokt en meteen dóórgetast.

Op naar de dierenkliniek van Ronald. 'Beroven we haar nu niet van haar vrijheid?' vroeg ik nog.

'Een kat wil maar twee dingen,' zei Ronald, 'lekker eten en een warm plekje. Zo'n beestje gaat buiten een ellendige toekomst tegemoet. Wat gebeurt er als ze van de mensen geen water en voedsel meer krijgt? Ze kunnen bovendien dodelijke ziektes op elkaar overbrengen. Hun doodstrijd kan akelig lang duren, we treffen ze soms in coma aan.'

In de kliniek zette Ronald haar wat achteraf in een grote kooi. Ze ging op haar zij liggen, waakzaam, maar niet agressief.

'Het lijkt me qua karakter een moordkat,' zei Ronald. 'Je hebt slimme en domme katten, maar zij moet heel slim zijn, anders handhaaf je je niet vier jaar op straat.'

Ik keek nog eens goed naar de kat, en ik zag haar opeens als een vrouw die ik heel graag wilde hebben. En het mocht ook nog.

We gaan haar Neeltje noemen. Per slot van rekening is ze in de Pieter Corneliszoon Hooftstraat gevonden.

Neeltje (2)

Gaat ze al 'op de bak'?

Neeltje was door de dierenarts fysiek in orde bevonden, bij de inspectie van haar gebit bleek ze alleen veel ouder dan aanvankelijk geschat: niet vier tot zes jaar, maar tien tot twaalf jaar.

Konden we haar nog wel Neeltje noemen, of moest het Neel worden? We besloten haar reactie af te wachten. Die was voorlopig nogal terughoudend.

Ze wilde wel goede vriendjes met ons worden, maar alleen op haar voorwaarden. Aaien mocht, heel graag zelfs, maar optillen was uit den boze. Bij elke onverwachte stap of los gebaar in haar richting dook ze watervlug achter de bank of onder de tafel – aan haar lijf nu even geen polonaise.

Zo moest ze zich al die jaren onder auto's en achter schuurtjes hebben verstopt bij tekenen van naderend onheil.

Grote achterdocht koesterde ze vooral jegens de nieuwe ruimte. Daar wilde ze de eerste dagen niets mee te maken hebben. Ze ging niet op verkenning uit, maar bleef in haar kooi. Ze kwam daar alleen uit om naast ons plaats te nemen. Naast ons, niet op ons: de schoot wordt nog gemeden. Maar als ze dicht tegen ons aan komt zitten, mogen we dit wel als een vorm van toestemming beschouwen om haar op te vrijen.

Daarvan kon ze al snel ongeremd genieten. Kop, hals, buik, achterste – geen deel mag worden overgeslagen. Vooral haar kont duwt ze met de nodige wellust omhoog, alsof ze wil zeggen: zie je mijn openingen? Het maakt een nogal hoerige indruk – misschien heeft ze zich in Amsterdam-Zuid alleen maar als zwerfkat kunnen handhaven door de beest uit te hangen.

Na een poosje ligt ze er bij als een junk die zich net een shot heeft toegediend: verzadigd en verzaligd.

Maar haar waakzaamheid verslapt ook in zulke situaties nauwelijks. Komt er iemand onverwacht binnen, dan schiet ze meteen overeind, trekt haar jurk glad, stapt in haar pumps en neemt de benen. Het zou een advocaat nog heel wat moeite kosten om de bewijzen van overspel rond te krijgen.

Komen we bij het trivialere, maar minstens zo essentiële gedeelte.

Of ze al 'op de bak' gaat? Geen enkel probleem. Het bewijst weer eens dat katten in aanleg zeer beschaafde wezens zijn. Terwijl veel mensen zich tegenwoordig steeds liever ontlasten in portieken en grachten, gaat er zelfs voor een gewezen zwerfkat niets boven een proper toilet.

De kat begint dus aan de eigenaar te wennen. Nu de eigenaar nog aan de kat. Want dat vergeten de dames en heren katten nogal eens: dat zij van ons meer vergen dan wij van hén.

Neeltje (3)

Een kat met een jeugdtrauma

De twee vragen die mij als columnist het meest gesteld worden: 1. Heb je altijd een reservestukje klaarliggen? 2. Hoe gaat het met je zwerfkat?

Het antwoord op de eerste vraag luidt: nee. De tweede vraag is moeilijker te beantwoorden. Ik heb nogal wat verwachtingen gewekt toen ik beschreef hoe wij Neeltje 'liefdevol in ons gezin opnamen'. (De ironische aanhalingstekens staan er op verzoek van Neeltje, zij haat nobele adoptiepraat.)

We zijn nu vier maanden verder. Het gaat redelijk goed, maar mijn vrouw en ik zijn nog steeds niet helemaal gewend aan de nieuwe bewoner. Onze aanpassing verloopt stroever dan we verwachtten, al maken we hoopvolle vorderingen.

In het begin waren we wat te euforisch vanwege de hoge schattigheidsgraad van Neeltje. Ze was een mooie kat van ruim tien jaar met ogen als heldere, groene meren en ze vertoefde graag in onze nabijheid. Later merkten we dat directe koestering alleen mag plaatsvinden als we vooraf de, door haarzelf geschreven, gebruiksaanwijzing hebben geraadpleegd.

Zo wordt ze nog steeds liever *zonder* handen geaaid. Althans, zonder dat de aaiende handen zichtbaar worden.

Zij heeft iets tegen handen. Het zijn in haar ogen rare, fladderende vogels waarvan je als kat weinig goeds te verwachten hebt. Opeens kun je er een geweldige oplawaai van krijgen.

Vroeger, toen ze nog op straat zwierf, moet ze veel last hebben gehad van die handvogels. Ook van voetvogels trouwens. Dat zijn voeten van mensen die plotseling op haar afkomen. Dan deinst Neeltje verschrikt achteruit en schiet onder de bank.

Neeltje heeft dus een jeugdtrauma – misschien een van de redenen waarom ze zo graag op de divan ligt en ons als de heer en mevrouw Freud beschouwt. Er zit voor ons niets anders op dan haar met de grootst mogelijke omzichtigheid te strelen. Wij krijgen er soms lamme handjes van. Neeltje laat zich bij voorkeur aaien als ze bij je op schoot ligt met haar kont naar je toe gekeerd. Dan hoeft ze die handjes niet te zien.

Zij is eenkennig. Vreemdelingen komen er bij haar niet in. Eén wantrouwige knipoog wijdt ze aan hen en taait dan af naar de slaapkamer. Ze voelt elke vorm van onheil tien seconden eerder dan wij.

Waarom springt ze nu weer weg? O, er zit een bromvlieg in de kamer.

Eten doet ze met grote kieskeurigheid. Niet elke dag hetzelfde, ja? We dachten toch niet dat zij vroeger als zwerfkat altijd bruine bonen at? Nou dan.

Soms, als ze humeurig is, slaat ze een klauwtje uit. Daarna springt ze op schoot. Je moet me nemen zoals ik ben, snort ze dan. Dat doen we.

Neeltje (4)

Neeltje is nu tien maanden bij ons. Een stevige poes die zich sneller aanpaste aan het onverwachte comfort dan aan haar bezitters. Begrijpelijk, want stoelen zijn over het algemeen betrouwbaarder dan mensen. Naar de buitenlucht taalt ze niet, daar heeft ze voor de rest van haar leven genoeg van ingeademd.

Geleidelijk overwon ze haar angst voor ons, al blijft ze altijd op haar hoede voor onverwachte bewegingen en geluiden. Ze waakt streng over haar lichamelijke integriteit. Aanraken en strelen mag nu, soms zelfs op het ontuchtige af, maar er zijn grenzen. Zo rust er een strikt verbod op nagels knippen, wondjes verzorgen en medicijnen toedienen.

Dan schiet ze met grote behendigheid weg achter de bank en laat zich voorlopig niet meer zien. Buitengewoon lastig, want soms is een of andere behandeling echt nodig.

Een maand geleden veroorzaakte ze paniek in ons huis door plotseling op de bank te plassen. De volgende dag deed ze het weer. Tot dan toe was ze altijd zeer zindelijk geweest. Elke kattenliefhebber weet het: een incontinente kat is een ramp. Het herschept je huis in een naar ammoniak stinkende gifbelt.

Het is dat het beestje het ook niet kan helpen, anders zou je het een daad van terrorisme kunnen noemen. Want het gebeurt altijd onverwacht, en op spullen die je dierbaar zijn. Meteen rijst de vraag: wanneer slaat ze opnieuw toe? En: hoe voorkom ik dat?

Inmiddels was het hele huis in rep en roer. De strengste veiligheidsmaatregelen werden getroffen. Foeilelijke plastic hoezen gingen over stoelen en banken, de surveillance werd verscherpt, het hele leven draaide nog maar om die ene vraag: *Zou ze nog niet moeten?* Het is een staat van beleg die ik niemand toewens.

Omtrent de oorzaak bleven we in het duister tasten. Blaasproblemen leken niet aan de orde. Haar gedrag was verder niet afwijkend.

Er volgde twee weken geleden een nieuwe aanslag. De derde dus en tot dusver de laatste. Ik begon aan een ultimatum te denken, of op z'n minst aan de vraag: ben je voor of tegen ons?

De dierenarts schreef een pil voor met een antidepressieve werking die bij dieren het plasgedrag zou beïnvloeden. Ik had die pil liever zelf ingenomen, maar ze was uitdrukkelijk alleen voor de kat bedoeld – en die lustte haar niet. Alles geprobeerd: gecamoufleerd verstopt in balletjes hart, tartaar en kabeljauw. Ze ruikt eraan en legt blasé net dat ene heilzame balletje opzij. Soms gooit ze het uitdagend omhoog: ik heb jullie wel door!

Dit is de status-quo. Ik zit nu rustig te werken, maar elk moment kan mij de kreet bereiken: 'Het is weer zover!' Dan kan het Bin Laden zijn, maar ook mijn poes.

Ik durf het nauwelijks te zeggen, maar zo langzamerhand heb ik liever dat het Bin Laden is.

Neeltje (slot)

Het verraad aan een kat

Verslag van een nederlaag, hoe moet ik het anders noemen?

Een beetje pathos mag best als je wilt uitleggen dat je na anderhalf jaar vrijwillig afstand van je kat hebt gedaan. Ik had het liever verzwegen, lafaard die ik ben, maar daarvoor heb ik in mijn vorige stukjes al te veel over haar verteld.

Het zag er een poosje naar uit dat er goed met Neeltje viel samen te leven. Ze taalde niet meer naar de straat. Ze had grote behoefte aan rust en koestering. Misschien heeft ons dat te lang blind gemaakt voor haar onbeheersbare kanten. We zagen te laat in dat zij ons meer de baas was geworden dan wij háár.

Alles moest gebeuren zoals zij het wilde. Haar gedrag kreeg iets autistisch. Ze kon lief zijn, maar ze was vaker onhandelbaar. Wij pasten ons steeds meer aan haar aan, en ik zag dan ook de dag naderen dat zij achter mijn computer zou plaatsnemen met de woorden: 'Laat mij die stukjes maar schrijven, ik kan dat beter.'

Ze was intelligenter dan ik, dat moet ik toegeven.

Het is ons nooit gelukt haar op een normale manier op te pakken. Pillen toedienen, antivlooienvloeistof in haar nek – ze stond het niet toe. Het was een compleet gevecht om haar in haar mand naar de dierenarts te krijgen, we hadden er eigenlijk Regilio Tuur bij nodig.

Bij de dierenarts werkt Ronald, de man die haar destijds aan ons had gegeven. De laatste keer ontworstelde Neeltje zich zelfs aan zíjn geoefende handen. Hij moest zijn leren handschoenen aantrekken om haar onder de verwarming vandaan te halen. Pas daarna, terwijl een collega het achterlijfje omlaag drukte, kon haar een pil worden toegediend.

Zó kon het niet langer, beseften we. Ronald had ons destijds beloofd dat hij haar altijd in zijn eigen huis wilde opnemen. Kon dat nog steeds? Hij knikte. Misschien was het ook wel beter. Hij had meer katten, Neeltje moest zich nu wel aanpassen.

Dat was het dan. *Sad, but true.* Maar nog één kleinigheid. Toen we wilden opstappen, zei een collega van Ronald: 'Er is vorige week een katje gebracht van anderhalf jaar. De eigenaars zetten haar in de wachtkamer en liepen weg.'

Zielig, dachten we, maar nu even niet. Toch gingen we kijken. Leuk poesje. Op haar kooi hing een kaartje met haar naam: 'Vondeling'. 'Anne' zou een geschikte voornaam zijn, bedacht ik. Dan heette ze precies zoals een vicepremier van Nederland in de jaren zestig. Kon het eervoller?

We keken elkaar aan. Waren we in staat tot zo'n gruwelijk verraad? Ja, dat waren we. We brachten Neeltje en we gingen met Anne terug. De mens deugt niet, maar dat wist u al.

Eeuwig

Echtpaar schept meesterwerk

Volmaakte zaterdagmiddag, de laatste van het jaar.

Ik zit op een bankje aan de Binnenkant, een gracht-kant die tot aan de Montelbaanstoren loopt, een van de mooiste plekjes van Amsterdam. Aan de overkant van het water, in de richting van het Centraal Station, is de koepel van de Sint Nicolaaskerk te zien.

Even verderop belegeren dagjesmensen Amsterdam, maar hier is het nog rustig. Rechts van mij ligt een cyperse kat op de kap van een blauwe Volvo te slapen.

Als ik nu mijn fototoestel bij me had, zou ik mis-schien én kat én brug én koepel in één beeld kunnen vatten. Gelukkig heb ik het niet bij me. Want de men-sen geloven je toch niet. Dat klinkt bitter, en zo bedoel ik het ook.

In Rome fotografeerde mijn vrouw een cyper die op een hellinkje bij het Colosseum brokjes zat te eten. De kat keek op toen ik 'Nu!' riep en werd vervolgens letter-lijk vereeuwigd. Want een betere, onvergankelijkere foto van een cyper-die-brokjes-bij-het-Colosseum-eet valt er niet te maken. Op de voorgrond die lichtelijk verbaasde kat, achter hem de klassieke, reusachtige ruïne.

Het tijdelijke ontmoet het eeuwige.

We moeten er rijk van kunnen worden. Als ik met deze stukjes niet meer verder kan, wil ik met die foto de markt op van het Romeinse ansichtkaartenwezen. Hier in Nederland krijg je toch maar stank voor dank, want iedereen die we deze foto trots laten zien, zegt: 'Het is zeker *een computermontage*.'

Niemand kan zich voorstellen dat dit middelmatig getalenteerde echtpaar tot zo'n meesterwerk in staat is. Trouwens, voor mij persoonlijk zou een computer-montage moeilijker te maken zijn dan een foto.

Goed, ik zit nog altijd op dat bankje en lees in de dichtbundel *Losse gedichten* van Arjen Duinker. Enig uiterlijk vertoon van belezenheid kan nooit kwaad. Waarom Duinker?

Ik had boze, cynische uitspraken van hem gelezen in *de Volkskrant* over topauteurs die hogere royalty's vragen. 'Veel interessanter is de vraag wanneer deze zogenaamde topschrijvers eens een waardevol boek schrijven.'

Dat maakte me nieuwsgierig. Kon hij er zelf wat van? Dat leek me wel nodig na zo'n uitspraak. In de ramsj stuitte ik die middag toevallig op deze bundel uit 1990. Daarin het volgende gedicht.

Ik hou van de schreeuw.
Ik hou van het licht.
Ik hou van de vlinder.

Ik heb geen zin me te verschuilen
Of ingewikkeld te schrijven over iets dat simpel is.
Ik hou van de tijd.
Hij is van iedereen.

Ik ben geboren in een kleine stad.
Ik droom van grote steden.
Ik droom van dorpjes die ik nooit heb gezien
En van het meedogenloze water.

Ik koester het licht en de vlinder.
Ze zijn zichzelf en werkelijk.
Ik klamp mij vast aan de schreeuw.
Hij is het hart van de wereld
En van iedereen.

Ik moet toegeven dat ik dit zo'n goed gedicht vind dat zelfs die foto uit Rome even iets minder eeuwig wordt.

Anne

Liever niet op schoot

Sinds een halfjaartje is Anne bij ons. Zal ze net zo onhandelbaar blijken als haar voorgangster Neeltje? Anne is geen zwerfkat, zoals Neeltje, maar een vondeling met een onduidelijk verleden.

Hoe is het haar (en ons mét haar) intussen vergaan? Even moeizaam als destijds met Neeltje, die we moesten teruggeven aan de dierenarts?

Gelukkig niet.

Anne past zich aan, burgert in, integreert, assimileert, noem het maar op, zo goed als ze maar kan. Bij haar geen agressie die zich onverhoeds tegen je kan keren, geen onverklaarbare urinelozingen op de bank.

Maar dat dergelijke afgedankte katten, net als mensen, een traumatisch verleden kunnen hebben, bewijst ook Anne. Ze vertoont althans trekjes die we nooit eerder bij onze katten hebben meegemaakt.

Er ligt nog steeds een schaduw van schichtigheid en angst over haar gedrag. Bij vreemd bezoek verdwijnt ze onmiddellijk naar een andere kamer. Ze is schrikachtig, voelt zich snel ingesloten en bedreigd, en ze reageert volstrekt hysterisch op de aanblik van katten voor het raam.

Dan drijft ze haar nagels diep in het hout van de vensterbank, gooit alles eraf (gelukkig ook dat lelijke stenen beeldje waar mijn vrouw om nostalgische redenen nogal aan gehecht was) en blaast en krijst net zo lang tot de verbijsterde medekatten zijn afgedropen.

Nog merkwaardiger is haar zogeheten schootgedrag. Eigenlijk mag het bij haar die naam niet hebben. Zij is onze eerste kat die niet op schoot durft. Ze aarzelt en blijft aarzelen. Zou ik? Ze kruipt in de holte van je arm, legt voorzichtig een poot op je dijbeen en, toe maar, soms ook de andere poot. Ze snort erbij en lijkt dus te genieten, maar dan schrikt ze opeens van zichzelf alsof ze denkt: wat lig ik hier klef te liggen?

Ze staat op, klimt over je schoot en gaat aan de andere kant liggen waar zich het tafereel herhaalt. Deze wisselingen van been kunnen een minuut of tien doorgaan tot ze er zelf moe van wordt en verdwijnt. Maar ze zoekt ons wel steeds vaker en langer op, alsof ze langzaam went aan het idee dat sommige mensen nu eenmaal zo gek zijn om, naast gratis kost en inwoning, ook hun lichaam als een warm kacheltje aan een dier aan te bieden.

Maar in de eerste plaats zijn we speelkameraden voor haar, want dat is wat ze het liefste doet: met enorme sprongen achter touwtjes en nepmuizen aanzitten. Ze bezorgt ons steeds een schuldgevoel als we niet op haar uitnodiging ingaan. Dan moppert ze miauwend door het huis: jullie wilden me toch zo graag? Nou dan!

Katten zijn de ergste chanteurs ter wereld.

Binnen/buiten (1)

Wat wil de kat?

Zolang ik katten heb, heb ik me afgevraagd of het bezwaarlijk voor ze is altijd binnenshuis te zijn. De kenners die ik heb geraadpleegd, zeggen van niet. Het zou al voldoende zijn als een kat meer dan één kamer tot zijn beschikking heeft. Verder zal het hem Whiskas wezen. Als hij maar zijn natje en zijn droogje heeft, en natuurlijk af en toe een schootje.

Deze opvatting heeft mij nooit helemaal kunnen overtuigen.

Was het geen filosofie van de kouwe kattengrond? Had een diergedragskundige ergens ter wereld het ooit grondig onderzocht? En was er wel eens een deugdelijke enquête onder katten zélf gehouden? (Streep aan wat u het fijnste extraatje vindt: 1. Dagelijks een visje. 2. Een opwindend geparfumeerd speelmuisje. 3. Een telkens op eigen initiatief te regelen verblijf buitenshuis.)

Met mijn eigen katten had ik wisselende ervaringen. Toen we nog in een huis op de begane grond woonden, lieten we ze buiten. Vooral als het mooi weer was, leek je ze geen groter plezier te kunnen doen. Het kostte vaak de nodige overreding om ze weer binnen te krijgen.

Toen we hoger gingen wonen, in een appartement, paste onze oude kat zich tot onze verbazing uitstekend aan. Ze taalde niet meer naar haar buitenleventje. Die ervaring hadden we ook met de zwerfkat Neeltje, die jarenlang alleen maar buiten had geleefd. Zij wierp af en toe een meewarige blik op het buitengebeuren, alsof ze wilde zeggen: 'Dat kennen we nu wel.'

Daar staat tegenover dat onze nieuwe kat Anne soms zo smartelijk miauwend door de kamers kan lopen, op zoek naar gaatjes en bovenlichten om tot het wonder van de buitenwereld door te kunnen dringen. Althans, zo interpreteren wij haar gedrag. Wij weten niets van haar voorgeschiedenis.

De Amerikaanse wetenschapsjournalist Stephen Budiansky kwam me onlangs te hulp in zijn boek *Het karakter van katten*. Hij constateert dat er in zijn land een strijd woedt tussen een 'alle-katten-binnen-beweging' en een 'alle-katten-buiten-beweging'. De eerste beweging vindt het vooral om ecologische redenen onverantwoord katten buiten te laten. Ze kunnen immers niet alleen overreden worden en kattenleukemie oplopen, maar ook vogeltjes vermoorden en toxoplasmose verspreiden.

Toch lijkt Budiansky zich vervolgens enigszins op te werpen als pleitbezorger van de tweede beweging als hij schrijft: 'Wat nogal eens over het hoofd wordt gezien in al deze vaak verhitte discussies (…) is de vraag welk effect het voortdurend binnenhouden van katten heeft op hun eigen psychisch welbevinden. *En in feite heeft nog niemand die vraag serieus onderzocht.*' (U begrijpt dat de cursivering van mij is.)

Budiansky vervolgt: 'Het schijnt dat veel katten zich zonder problemen aanpassen aan een leven binnenshuis zolang zij een zekere dagelijkse portie afleiding krijgen en de kans om te rennen en te spelen. Anderzijds zijn er ook duidelijk huiskatten die nooit kunnen wennen aan een leven binnenshuis.'

Toen ik dit had gelezen, sloeg ik het boek dicht, keek mijn poes aan en vroeg haar indringend: 'Hoe moet dat nu verder met jou, Anne Vondeling?'

Wordt, ook op haar verzoek, vervolgd.

Binnen/buiten (2)

De kooi als gulden middenweg

'Laat mij maar rustig buiten,' antwoordde mijn poes Anne toen de vraag aan de orde kwam of dat verstandig was: een kat buiten laten in een druk stadscentrum.

Het is een vraag waarmee menig stadsbewoner worstelt. Hij zou zijn kat het liefst het beste van twee werelden – die van binnen en die van buiten – aanbieden, maar hij deinst terug voor de mogelijke gevolgen. Katten vallen van hoge verdiepingen, verdwalen in stenen labyrinten of komen onder auto's.

Niets is zo treurig als de spoorloos verdwenen kat.

Je fantasie slaat ervan op hol. Je ziet hem bekneld onder een ijzeren plaat liggen, te ver verwijderd van de bewoonde wereld om gehoord te worden. Of hij is in een schuurtje beland van iemand die de deur achteloos achter zich heeft gesloten om op een wereldreis van drie maanden te gaan.

Nog even, en ik begin al te huilen.

Bij elke stadswandeling lees ik de nieuwste papiertjes tegen de bomen: 'Lotje is weg, een zwart poesje met een wit befje, zeven maanden oud, wij zijn hartstikke bezorgd.'

Al deze feiten en overwegingen probeerde ik in mijn gesprek met Anne over het voetlicht te krijgen. Ze luisterde met nauwelijks bedwongen ongeduld, terwijl ze haar oksels begon te wassen. 'Allemaal mooi en aardig,' zei ze ten slotte, 'maar wat gaat er nou precies gebeuren?'

'Je hoort er nog van,' zei ik.

Ze haalde haar schouders op en besteeg 'de bak'.

We gingen in conclaaf met Ronald en Guido, twee medewerkers van de onvolprezen Stichting Hart voor Kansloze Dieren in Amsterdam. Zij vangen onder meer zwerfkatten, proberen er adressen voor te vinden en doen ook aan nazorg. Ze kwamen een kijkje nemen op ons balkon. Anne hier loslaten? Geen reële optie, zei Ronald, vroeg of laat gaat het fout, ze valt of raakt weg.

Ze begonnen te meten en te rekenen en boden ons toen de veiligste oplossing aan: een hoge kooi van 1,60 x 2,40 meter in het middengedeelte van het balkon. Als wij de kosten voor onze rekening namen, zouden zij de kooi komen bouwen. Dat deden ze al zo vaak in hun vrije tijd, vooral in die hoge Bijlmerflats.

Dat was even slikken. Een kat in een kooi – ging dat wel? Ook al was het dan een kooi vanwaaruit zij altijd het appartement in kon lopen?

Probeer het maar, zeiden ze, dan zul je het zelf zien: die kat heeft achter het gaas de tijd van haar leven. Ze ligt in het zonnetje, voelt de wind en hoort de vogeltjes.

'En ze zal erop af willen,' zei ik sceptisch.

'Dat zal reuze meevallen,' zeiden ze.

Drie dagen later.

Ik werk aan dit stukje terwijl Anne een paar meter verderop in haar kooi zit te doezelen. De zon snort en Anne schijnt en we pruttelen allemaal van innig geluk. Hier is de volmaakte kattenidylle geboren. Kan dit wel blijven duren? Zal ze niet toch onrustig en claustrofobisch worden en…

47

We zullen zien.

Zo'n kooi is nooit weg, heb ik al bedacht. Je kunt er altijd nog je vrouw in vastzetten als de zaken onverhoopt uit de hand lopen.

Moordenaar

Hoe gevaarlijk is de kat?

Morgen wilde ik op vakantie gaan, maar het is nog maar de vraag of het lang zal duren.

Dat heeft te maken met de meerkoet die onder mijn raam ligt te broeden in een roestend, vergeten motorbootje tegen de kade. Ze heeft daar naast het motorblok nog net een droge plek gevonden voor haar kraamkamertje.

Aanvankelijk voelde ik me net zomin verantwoordelijk voor de meerkoet als voor een vriendin die buiten mijn schuld zwanger zou zijn geworden. Maar daarin kwam geleidelijk verandering. Een kennis merkte op hoe kwetsbaar zo'n diertje daar ligt te wezen. Hij wees op de Vlaamse gaai ('een echte roofvogel') die af en toe al belangstellend plaatsnam in een naburige iep. Ook zou het regelmatig voorkomen dat 'jongens stenen gooien naar broedende vogels'.

Ik begon wat beter op te letten. Soms was de meerkoet weg voor een boodschapje, maar ze kwam altijd weer snel terug. Wat me al enigszins begon te ergeren, waren langsvarende bootjes die de motorsloep gevaarlijk dicht naderden. Boottoeristen vervelen zich kapot op zo'n lange, hete zomerdag, dus die zijn blij met elk lamlendig verzetje.

Een paar dagen geleden hoorde ik gejoel en gelach vlak bij de kade. Ik keek naar buiten en zag een grote waterfiets op het bootje van de meerkoet afkomen. Er zaten vijf mensen op, een oudere, donkere man en vier jongeren. Op de voorplecht van de waterfiets stond een wit, gespierd hondje te keffen. De waterfietsers genoten van een vooruitzicht dat mij minder kon bekoren: een confrontatie tussen hond en watervogel.

De waterfiets gleed tegen de motorsloep aan en het hondje begon, onder grote hilariteit van de fietsers, naar de meerkoet te bijten. Die voelde zich terecht hevig bedreigd en pikte opgewonden terug.

Nu zou ik graag beschrijven hoe ik me zo kalm en waardig mogelijk met dit tafereel begon te bemoeien. Het geeft de verteller van zo'n verhaal een zekere chic. Hij handelde zonder zich te verlagen.

Helaas. Voordat ik het besefte was ik in de greep van een zeldzame, wat je noemt oudtestamentische woede. Ik rukte het raam open en schreeuwde naar beneden: 'Sodemieter op met die rothond, wég daar bij dat dier, stelletje klootzakken.'

Wat bleek? Geweld, verbaal geweld in dit geval, is allesbehalve zinloos. Het helpt écht als je de rabauwen onder ons tot inkeer wilt brengen. Het leek of ik een handgranaat in die waterfiets had gegooid. Even was het stil, toen begonnen ze terug te trappen om zich te verwijderen. Het ging gepaard met veel geschreeuw en opgestoken middelvingers, maar daar zat ik niet mee, en de meerkoet evenmin.

Maar wat nu?

Iemand aan wie ik dit verhaal vertelde, zei: 'Eigenlijk kunnen jullie niet weg.' 'Hoezo?' vroeg ik. 'Nou,' zei hij, 'jullie hebben toch een kat? Stel dat die er tussenuit piept en die meerkoet te grazen neemt.'

Mijn kat als moordenaar. Het was een onverdraaglijke gedachte, zeker na deze voorgeschiedenis.

Kan ik op vakantie? Ik ga het in ieder geval vanaf morgen voorzichtig proberen. Als ik een dag later weer terug ben, weet u waarom.

Hotelkat

Een leuke poes op je kamer?

Volgens de Kattenagenda van tekenares Francien van Westering heeft een hoteleigenaar in de Verenigde Staten als extra service voor zijn gasten zeven katten in dienst genomen. 'Je kunt een kat meenemen naar je kamer als je prettig gezelschap wilt. De hoteleigenaar meldt dat zijn katten 99 procent van de tijd "in gebruik" zijn.'

Het is een goed, origineel idee, al riekt het wel een beetje naar kattenprostitutie. Ik hoor een mannelijke hotelgast al met een dubbelzinnig lachje aan de receptie vragen: 'Wil je een leuke poes naar mijn kamer sturen?' Daar zou ik tegen zijn, zoals ik ook vind dat katten recht hebben op hun eigen tippelzones – daar hebben wij niets te zoeken.

Ervan uitgaande dat die Amerikaanse hotelbaas goede bedoelingen heeft, blijft de vraag of het een erg praktisch idee is. Ik zou hem in ieder geval willen aanraden bij het selecteren van die zeven schatjes bijzonder streng te werk te gaan.

Goede vragen tijdens het sollicitatiegesprek na de psychologische test lijken me: 'Hoe is het met je verharing gesteld?' 'Zet je graag je nagels in wollen kleren en panty's?' 'Moet je vaak midden in de nacht braken?' 'Heb je de gewoonte om omstreeks vier uur in de morgen de bult op het bed te bespringen, en blijf je daarmee doorgaan, vooral als die bult roept: "Donder op, rotkat?"' 'Kun je het bezoek aan de kattenbak voor een grote boodschap tot na het ontbijt uitstellen, en zo niet, ben je dan bereid je drollen *volledig* onder te spitten?'

Ook de sociale vaardigheid van de kat zal tevoren aan een nauwkeurig onderzoek onderworpen moeten worden. Hij of zij moet in de eerste plaats een onverzadigbare schootganger zijn, een kat die zich onmiddellijk na binnenkomst met een verzaligde zucht aan de warmte van bovenbeen en buik overgeeft. Hij dient daar knus opgerold te blijven liggen, stevig, maar toch licht aanvoelend, terwijl de hotelgast op de televisie naar een slechte film zit te kijken. En nooit mag hij vragen: 'Is er vanavond geen leuke Woody Allen?'

Nu ik het lijstje van voorwaarden doorneem, besef ik dat Anne, mijn eigen poes, nooit geschikt zal zijn voor dit werk. De kans dat ik op deze manier nog eens wat aan haar terugverdien, is minder dan niks. Het is zinloos haar bij hoteldirecties aan te bevelen om de eenvoudige reden dat ze te kieskeurig is in haar omgang met de medemens.

Vanaf het moment dat er bezoek op de bel drukt, is ze in staat van alarm. Ze schiet in haar mandje onder het bed op de slaapkamer, veilig uit het zicht van iedereen. Na een paar uur steekt ze wel eens haar kopje om de hoek van de deur, maar meestal trekt ze zich weer snel terug, alsof ze alleen maar heeft willen vragen: 'Zijn jullie nou nóg niet uitgepraat?'

Mijn kat heeft het liefst één goede bekende in de buurt, dat vindt ze meer dan genoeg. Twee goede bekenden mag ook, maar dan moeten ze niet te veel drukte maken. Die hotelgast zou maanden met haar moeten optrekken voordat ze zich een beetje met hem op haar gemak voelt.

Alleen het vooruitzicht van permanente roomservice zou haar aantrekken, maar tegelijk is ze reëel genoeg om te beseffen: eigenlijk heb ik dat al.

Guus

De natuur was sterker

Marianne, onze vriendin in de Bijlmer, is bedroefd. Zij houdt te veel van zwerfkatten, dat is eigenlijk haar probleem.

In de Bijlmer wemelt het van de zwerfkatten. Alleen al rond haar flatgebouw heeft ze er de laatste jaren negen gevangen, waarvan ze er vier thuis heeft opgenomen. Met die vier katten (twee poezen, twee katers) op haar flat gaat het uitstekend, zegt ze, ze liggen regelmatig met z'n vieren tegen elkaar aan te slapen, geen kat taalt meer naar de buitenwereld. Ze zijn 'handtam' geworden, zoals ze het met een mooi woord noemt.

Maar het loopt niet altijd goed af. Vorig jaar zomer kwam Guus in het leven van Marianne. Guus was een stevige, rood-witte kater die op een smalle groenstrook langs het spoor leefde. Waarvan? Vermoedelijk van ratten, die daar in overvloed zijn. Een prachtkat, die Guus, maar reuzeschuw.

Marianne bracht hem elke dag eten, dat hij gretig opschrokte zodra ze weg was. Ze begon het eten in een grote, kartonnen doos te zetten om hem alvast te laten wennen aan de kooi waarin ze hem wilde vangen.

Het leven van zwerfkatten is een tragedie, vindt Marianne, ze worden vreselijk ziek en zelden oud.

Goed. Guus moest er dus aan geloven. Op een middag klapte de deur van de vangkooi achter hem dicht. Marianne bracht Guus meteen naar de dierenarts voor een gezondheidstest. Daar kan ze niet genoeg op hameren: katten moeten altijd getest worden op ongeneselijke ziektes als aids en leucose voor je ze in huis opneemt. Ook katten uit asiels. Het gevaar dat ze thuis andere katten besmetten, is te groot.

Met Guus leek niets aan de hand. Hij zag er gezond en sterk uit. Des te verpletterender was het telefoontje van de dierenarts: Guus, een gecastreerde kater van ongeveer 4,5 jaar, bleek besmet met leucose, een virus dat tumoren en leukemie kan veroorzaken.

Marianne was geschokt. Ze had zich al zó verheugd op de komst van Guus. Alleen Henk, haar man, moest nog worden overgehaald, want die vindt dat ze nu wel genoeg katten hebben. Een zwerfkat tot huisdier maken, dat is alsof zich onder jouw handen een wonder voltrekt, zegt Marianne. (In een volgend leven wil ik als zwerfkat in de Bijlmer terugkeren, waarna ik me na een losbandig leventje door Marianne laat vangen en verwennen.)

Maar met Guus mocht het niet lukken. Er restten Marianne drie onaangename keuzemogelijkheden: terug naar zijn groenstrook; toch thuis opnemen tot zijn dood en de andere katten laten inenten; het finale spuitje.

Ze besloot met pijn in het hart tot het laatste, ook al ervoer ze het als een soort verraad aan Guus. Misschien had hij nog een poosje rustig kunnen leven als ze hem niet gevangen had. Terugzetten in de natuur leek geen alternatief, hij zou er andere dieren besmetten.

Ik heb verloren van de natuur, zegt Marianne.

Dieet

Het bankroet van de lijnpogingen

Bij de dierenarts voelde ik me als een patiënt die te veel drinkt en nu weer bij zijn huisarts over bevende handen en geheugenverlies komt klagen.

We hadden immers een kat bij ons die we al drie jaar zonder enig succes probeerden te laten vermageren. Mijn vrouw had voor de reisjes naar de dierenarts zelfs een speciale trolley aangeschaft, waarin ze hem gemakkelijker kon vervoeren. Voor de sfeervollere, rieten reismand was de poes te zwaar geworden. In die trolley gaat haar kopje geheimzinnig schuil achter een soort zwart gaas – je zou het de nikab voor poezen kunnen noemen.

Allemaal leuke gedachtetjes, maar bij de dierenarts schiet je er niks mee op. Hij tilde Anne behendig uit haar trolley en zei: 'Even kijken hoeveel kat dit is.'

Veel te veel dus. Terwijl hij haar vasthield, zag ik weer het uitgedijde buikje van een vrouw die het na haar vierde kind allemaal wel gelooft. Hij woog haar en noemde een getal dat hard aankwam: 6,1 kilogram. Dat betekende het volledige bankroet van al onze lijnpogingen die we drie jaar geleden op zijn dringende advies begonnen waren. En toen had ze nog maar 5,4 kilo gewogen!

De arts vroeg vriendelijk, maar vasthoudend hoeveel brokjes we haar elke dag gaven.

'Zeg jij het maar,' zei ik tegen mijn vrouw.

'Tachtig gram,' bekende ze.

De arts knikte. Het was geen groot nieuws voor hem. In een doorzichtige poging tot troost vertelde hij ons het verhaal van een andere klant, een bekende romanschrijver, die met een nog veel zwaardere kat bij hem was gekomen. Maar die had tenminste nog een excuus, want hij schreef ook dikke romans en niet van die korte stukjes zoals ik. Dat dacht ikzelf, want mijn dierenarts is veel te beleefd om zoiets zelfs maar te suggereren.

Wij vroegen de arts wat de gevolgen konden zijn van zo veel overgewicht. Hij begon aan een horrorscenario vol suikerziekte en alle daarbij behorende ellende als tweemaal per dag door ons (mijn vrouw graag) te geven injecties.

Wat te doen?

Daar kun je lang en breed over praten, maar het komt, net als bij mensen, steeds weer op hetzelfde neer: minder eten. 'Een kat kan al van veertig gram leven,' vertelde de arts.

Veertig gram! Het duizelde ons. Hoe dat te bereiken met een kat die ons de hele dag de kop gek zanikt omdat zij 'maar' tachtig gram krijgt? De arts knikte meelevend, over de verongelijkte volharding van katten hoefde je hem niets te vertellen. Hij wilde het ons dan ook niet te moeilijk maken en kwam met een tussenvoorstel: zestig gram. Op zijn computer rekende hij uit dat Anne over een maand nog maar vijf kilo zou wegen als we vanaf nu zestig gram per dag gaven.

We begonnen te beseffen hoe gunstig het was dat we binnenkort op vakantie zouden gaan. Dan zou zij van haar tijdelijke verzorger één keer per dag die zestig gram krijgen – en daarvan moest ze dan zien rond te komen, zeuren hielp niet meer.

We hesen haar weer in haar rijdende nikab en namen afscheid van onze arts.

'Je krijgt minder brokjes als we weg zijn,' waarschuwde ik haar op de terugweg in de tram.

'En je lezers laat je ook al in de steek,' snauwde ze terug.

Katrina

Wat doe je met je kat?

De regen viel en het water steeg en het kan niet weg.

Zó hoorde ik een tv-journalist de watersnoodramp in New Orleans beschrijven. In zijn Amerikaans klonk het nog bondiger en wanhopiger: 'The water is going nowhere.'

'Wij hebben nu onze eigen tsunami,' zei een andere ooggetuige.

Een dergelijke ramp heeft iets onvoorstelbaars.

Ik merkte het aan de lichte meewarigheid van de mensen die ik probeerde te vertellen wat ik op CNN had gezien. Ach, zo'n orkaan, dat kwam wel vaker voor, het hoorde bij het leven daar.

Zelfs de Verenigde Staten, dat goed georganiseerde, moderne, westerse land, het machtigste en rijkste ter wereld, blijkt door zo'n natuurramp uit het lood te kunnen worden geslagen. Twan Huys verbaasde zich er in zijn voortreffelijke *NOVA*-reportage over dat hij in en rond New Orleans nergens hulpverleners had aangetroffen.

Ook de officiële reactie van president Bush was aan de late kant.

'The politicians, they are shit,' riepen een paar mensen vanuit het water naar Huys. Zij hadden nog geen politicus of hulpverlener gezien en probeerden zelf te redden wat er te redden viel.

Zou de reactie op Katrina ook zo traag zijn geweest

als niet de arme Amerikaanse staten in het zuiden, maar de oostkust, inclusief New York, overspoeld was geweest?

Zo'n ramp doet een beroep op je inlevingsvermogen.

Ik zag de beelden van plunderaars in New Orleans die hun gezicht probeerden te verbergen achter de zakken chips waarmee ze de winkel uit renden. 'We moeten overleven,' zei een zwarte man. Was de drijfveer niet een tikkeltje banaler – een combinatie van collectieve hebzucht en individuele compensatie voor doorstane angst?

Ook kwam de in de knel geraakte toerist in beeld. Het was een vrouw uit een Zuid-Europees land, geloof ik. Totaal ontreddered, want 'gevangen in een nachtmerrie', zoals de tv-journalist zei. Ze was zomaar een weekje in New Orleans (zoals ik zelf al zo vaak van plan ben geweest). En nu? Ze had niets meer. Hotel dicht, geld weg.

Maar het ergste moet nog komen, al zal ik mijn best doen niet melodramatisch te worden.

Ik las over een man die het Superdome, het stadion in New Orleans waarin 10.000 mensen redding zochten, niet binnen mocht omdat hij zijn *kat* bij zich had. Er stond niet bij wat die man vervolgens besloten had: zijn kat prijsgeven aan de muil van Katrina, of samen met haar de vloed trotseren?

Ik heb die passage niet aan mijn eigen kat durven voorlezen, want ik weet zeker dat ze onmiddellijk luid en duidelijk gevraagd zou hebben: wat had jij gedaan?

Katka

De schrijver geeft zich niet bloot

Het is een onwrikbaar ritueel geworden.

's Avonds, voor het slapengaan, springt mijn kat Anne naast me op bed, gaat op haar zij liggen en wacht spinnend af. Of ik zin heb of niet, er moet gestreeld worden. Een minuut of drie, vier. Dan staat ze bruusk op en verdwijnt zonder te groeten in de nacht.

Merkwaardig beest.

Ze is de minst lichamelijke kat die ik ooit heb gehad. Ze laat zich niet graag oppakken, en ze wil alleen zittend op de grond geaaid worden. Dat nachtelijke afscheid is het summum van intimiteit dat ze kan opbrengen, maar daarin gaat ze wel weer verder dan mijn vorige katten.

Ik zou er niet over begonnen zijn (mijn kat schaamt zich dood als ze deze indiscreties leest), als ik niet net bij Franz Kafka gelezen had hoe mens en kat ook zonder enige intimiteit met elkaar kunnen omgaan. Bij Kafka zijn de rollen omgedraaid: hij gebruikt de kat louter instrumenteel, als middel om muizen te vangen. Elke toenaderingspoging van de kat weert hij af.

Kafka leed aan tuberculose en ging om aan te sterken vaak naar zijn zusje Ottla, die in Zürau, een dorpje op het platteland, woonde. In haar huis maakt hij in november 1917 zijn eerste 'muizennacht' mee, 'een verschrikkelijk evenement', zoals hij aan zijn vriend Felix Weltsch schrijft.

'Wat is dat voor een verschrikkelijk stom lawaaiig volk! Om twee uur werd ik wakker door een geritsel bij mijn bed en van dat moment af hield het niet op voor het ochtend was (...) Ik was totaal hulpeloos, nergens in mijn hele wezen een houvast, opstaan, licht opsteken durfde ik niet, het enige was een paar keer schreeuwen, waarmee ik ze bang probeerde te maken.'

Kafka neemt een tegenmaatregel, hij haalt voortaan een kat naar zijn kamer. Het nadeel is dat hij haar vaak moet wegjagen als ze op zijn schoot wil springen. Ook is hij, jawel, bang voor haar 'bedsprong' als hij probeert te slapen. 'Muizen verjaag ik met de kat, maar waarmee moet ik de kat verjagen?' schrijft hij wanhopig aan zijn vriend.

Bovendien is de kat onzindelijk, ze doet haar behoefte in 'het binnenste van mijn pantoffel'. Dat is niet verwonderlijk, want uit zijn beschrijvingen blijkt dat hij niet geleerd heeft een kat zindelijk te maken. Hij laat de kat op kleed en canapé piesen en merkt pas later dat 'een doos met zand' wel wil helpen. 'Het is iets buitengewoons als je het met een dier eens bent geworden,' schrijft hij dan tevreden.

Er bestaat een nog veel groter obstakel tussen kat en Kafka. Hij beseft dat hij niet graag met de kat alleen is, dat hij het onaangenaam vindt om zich 'voor haar uit te kleden, gymnastiek te doen, naar bed te gaan'.

Hier wordt zijn situatie hopeloos.

Een mens, en zeker een man, die zó geremd is dat hij zich niet in aanwezigheid van zijn poes durft uit te kleden, zal het ook in de menselijke liefde moeilijk krijgen. Dat was bij Kafka dan ook in hoge mate het geval. Hij hunkerde naar aanrakingen, maar wilde tegelijkertijd onaanraakbaar zijn. Zo werd hij een diep ongelukkig man.

'Cat care'

'Katten hebben allemaal een ander karakter'

Een schokgolfje moet door kringen van Amsterdamse kattenbezitters zijn getrokken, toen zij het volgende briefje ontvingen: 'Met spijt deel ik u mede dat ik binnenkort mijn bedrijfje sluit. Het was me een genoegen om voor uw "dierbare" te mogen zorgen. Tevens wil ik u bedanken voor het in mij gestelde vertrouwen.'

Was ondertekend door Myrjam Jiskoot van de eenvrouwszaak Cat-care-at-Home, voor insiders gewoon 'Cat care'. 'Cat care' is niet meer – het rijmde een beetje, maar ik kon er niet om lachen.

Sinds een jaar of zeven konden kattenbezitters in de Amsterdamse binnenstad een beroep doen op 'Cat care' als ze een poosje uithuizig waren. Voor acht euro per dag (tien euro voor twee katten) paste Myrjam op de kat. Ze was een uurtje in je huis, gaf de kat eten én aandacht, haalde de post uit je brievenbus, verzorgde de planten. Bovendien hield ze een dagboekje bij met zulke zorgvuldige aantekeningen dat wij het nog bewaard hebben. '15/5. Anne heeft ongeveer 20 minuten buiten gezeten en vond het toen welletjes. Het borstelen en kammen blijkt ze heel fijn ze vinden, ze gaat er echt voor liggen.'

Aan zulke details merkte je dat Myrjam écht contact met je kat had. Je kon haar vertrouwen, wat belangrijk is want de kattenbezitter haalt in zulke perioden een vreemde in zijn huis – altijd een hele beslissing. Myrjam zag je verder weinig, ze ontleende het bestaansrecht van haar bedrijfje immers juist aan jouw afwezigheid. Maar je wist: het is in orde.

Myrjam, waarom laat je ons verweesd achter? Ik zocht haar op om het te vragen. Financiële redenen, vertelt ze, de fiscus belastte haar extra inkomsten – ze heeft ook nog een parttimebaan in de verslavingszorg – te zwaar. Ze vindt het zelf ook erg jammer. 'Ik heb er altijd veel aan ontleend. In mijn werk ontmoet ik veel agressie, het omgaan met katten was een compensatie daarvoor. Ik denk dat ik wel zo'n zeshonderd katten in de binnenstad ken, en ook nog bij naam.'

Haar doelgroep waren mensen tussen de vijftig en de zeventig jaar. Mensen die hun buren niet wilden belasten met de wekenlange zorg voor hun kat. Rijke mensen vaak, velen hadden een tweede huis in Frankrijk. Opvallend veel Amerikanen ook, die sterk hechtten aan hun specifieke benadering: ze lieten uit Amerika vaak hun vertrouwde kattenvoedsel en kattengrit komen. Met grote verbazing liep Myrjam soms door die huizen. 'Achter armoedige gevels kunnen in Amsterdam ware paleisjes schuilgaan, en andersom.'

Myrjam heeft één keer een huis met kaplaarzen moeten betreden, getooid met een helmpje en handschoenen. Er huisde een verongelijkte poes, maar ook met haar kreeg ze uiteindelijk 'een goed contact'. 'Het leuke van dit werk is dat je met dieren omgaat die één ding gemeen hebben: dat ze níets gemeen hebben. Katten hebben allemaal een ander karakter. De een wil geborsteld, de ander wil in de tuin enzovoorts. Al die eigenaren hebben bepaalde tutdingetjes waarmee ze hun kat tevredenstellen. Niemand wil door zijn kat afgewezen worden. De kat is de baas, zoals de mens de baas is van de hond.'

Huiveringwekkende waarheden, waaraan je de kenner herkent. Wij zullen haar missen.

Inbreuk

De kater die op Elsschot leek

Katten krijgen geen vakantie, omdat zij verondersteld worden altijd al met vakantie te zíjn. Daar zit iets in, als je het leventje van de doorsneehuiskat goed bekijkt. Elke dag zijn natje en droogje zonder er iets voor te hoeven doen, 'op de bak gaan' maar vaak nog te beroerd om zelf door te trekken, alleen zin in een spelletje als het hem uitkomt.

In dat opzicht kan ik hun leven alleen maar met de nodige jaloezie gadeslaan. U dacht toch niet dat er ook maar één kat is die na een maandje vakantie zou denken: 'Moet ik nou weer een jaar lang dat gezanik van en over Wilders en Verdonk aanhoren?' Voor de kat is een krant een stuk papier waarin zijn drollen worden verpakt, terwijl hij zijn gaatje likt. En of het nou het papier van de koran, de bijbel of de Achterpagina van NRC Handelsblad is, dat maakt hem niets uit.

Toch is dit een iets te eenzijdige voorstelling van zaken. We moeten niet denken dat katten volstrekt onverschillig blijven onder verandering in hun leefomstandigheden. De vakantieperiode is voor hen een onzekere tijd, door te brengen in lege huizen met vage oppassers of, nog erger, in kleine kooien van lawaaiige pensions.

Ik maakte het een weekje mee toen wij in een ander huis op twee katten moesten passen. Hun baasjes waren met de zuiderzon vertrokken, hen achterlatend met twee wildvreemde wezens die arrogant bezit namen van hun privédomein.

Katten zijn individualisten, ze zullen niet gauw in het wijkcentrum aan de bingoavond meedoen. Ze kunnen, zoals deze twee katten, onder gelijke omstandigheden zijn opgegroeid, maar toch totaal verschillend reageren op zo'n inbreuk op hun leven.

Lila, de jongste van de twee, een kater, kenden wij uit de verhalen als een nogal eenzelvige kat. Hij besloot zijn reputatie waar te maken door ons totaal te negeren. Overdag lag hij onzichtbaar op zolder onder een bed te slapen. Tegen de avond wandelde hij geruisloos achter ons langs door het kattenluik naar buiten. Twee, drie keer per avond kwam hij even terug, liep zonder te groeten naar zijn etensbak en ging er daarna meteen weer vandoor.

Het ging allemaal zo snel, en altijd in het halfduister, dat ik na drie dagen nog steeds niet wist hoe hij eruitzag. Wij hebben wel geprobeerd hem aan te spreken, maar het enige gevolg was dat hij zijn pas naar het kattenluik aanmerkelijk versnelde. Pas na middernacht hoorden we hem terugkomen. Eén keer gaf hij een schorre miauw voor onze slaapkamer, alsof hij wilde roepen: 'Sodemieter toch op!'

Ik begon hem Elsschot te noemen, naar de Belgische schrijver die aan het einde van de middag ook zijn gezin verweesd placht achter te laten om pas ver na het avondeten grimmig zwijgend terug te keren. Zou Lila óók een maîtresse hebben gehad?

Het contrast met de andere kat, de poes Joy, kon niet groter zijn. Ook zij trok zich aanvankelijk enigszins terug, maar al op de tweede dag speelde zij weer met verve de rol die haar het best ligt: die van de goeie, ouwe poezenhoer, altijd op zoek naar een warme schoot, liefst van een man. Even promiscue als Lila, maar zonder zich ervoor te schamen.

Chantage

Toeristen in gewetensnood

We zaten in het huis van onze gastheer op Ile d'Yeu, een eiland bij de Franse westkust, een smakelijk visje te verorberen, toen we een zacht gemiauw meenden te horen. De tuindeuren stonden open, het was buiten witheet, in de verte klonk alleen de branding van de Atlantische Oceaan.

Hoorden we dat goed?

Even later weer dat gemiauw, iets klaaglijker nu. En opeens zat hij daar, of zij: een magere grijs-witte kat op opvallend hoge dunne poten. Hij kwam naderbij en bleef op enkele meters van de deuren zitten. Weer miauwde hij. Een bekende van het huis misschien? Nee, zei de gastheer, nooit gezien, maar er zitten hier wel meer katten.

Hoezo? Nou, de vakantiegangers van de huizen in de omgeving namen niet altijd hun kat of hond mee terug naar huis. Zo'n dier kon wel eens aan de wandel zijn tegen de tijd dat ze naar huis moesten. En ja, er was heus niemand die bereid was daarvoor zijn gereserveerde boot naar het vasteland te laten schieten. Dus bleven die dieren aan het einde van het vakantieseizoen verdoold achter.

We zwegen even verbouwereerd. Onze kat-mét-oppas zou niet met zijn collegaatjes op Ile d'Yeu willen ruilen, beseften we.

We aten verder, maar ons genot taande, temeer omdat de kat nu bij elk hapje van onze *merlu* steeds klaaglijker begon te miauwen. Elke keer dat we omkeken, keek hij doordringend terug. Eén groot, bijna visgeworden verwijt in de voortuin, deze aanloper. Hij begreep hoe hij ons moest chanteren en hij zou er niet mee ophouden. Ik wist wat er nu ging gebeuren.

En het gebeurde.

'Ik zal hem maar iets te eten geven,' zei mijn vrouw, zo luchtig mogelijk.

'Liever niet,' zei de gastheer, 'want dan heb ik de hele dag klagende katten rond mijn huis.'

Het dilemma lag breed en stug op tafel, als een vis die zich moeilijk fileren laat.

Wat te doen? Wij waren hier te gast en een gast hoort zijn gastheer niet te bruuskeren. Bovendien, dat viel moeilijk te ontkennen, hadden wij makkelijk praten. De gastheer zat met de inderdaad voorspelbare gevolgen, niet wij.

Er ontspon zich een levendige discussie. Een deel van het gezelschap vond het zinloos om een kat te voeren die zich over een week, als iedereen hier weg was, toch op eigen kracht zou moeten handhaven. Maar als hij het niet redt, wierpen wij tegen, heeft hij in ieder geval nog een paar mooie dagen gehad.

Intussen zat de kat ongeduldig de uitkomst van ons verbale tennispartijtje af te wachten. Kwam er nog wat van, of werd het weer een eindeloze tiebreak?

Toen stond mijn vrouw op, legde wat voedsel op een bordje en liep ermee naar de kat. Ze verdwenen uit het zicht, de kat met een van verwachting hoog geheven staart. 'Hij heeft het nu al op,' riep mijn vrouw een oogwenk later.

Zo is het nog enkele dagen gegaan. De kat kwam

steeds vaker, en steeds brutaler, terug. De gastheer gedoogde het ten slotte schouderophalend. Toen we weggingen, gaf mijn vrouw hem nog een aantal doosjes kattenvoer. Hij keek bedenkelijk, maar nam ze toch aan. Eigenlijk chanteerden wij hem, zoals die kat óns chanteerde, maar het was, zullen we maar zeggen, chantage met een goed doel.

Kattenplaag

Wreedheid in Rhodesië

Wie van literatuur houdt én van katten, mag zich in het oeuvre van Doris Lessing, de Nobelprijswinnaar in 2007, haar verhalen over katten niet laten ontgaan. Ze werden in 1967 voor het eerst gebundeld onder de titel *Particularly Cats*. Ik las ze in de Nederlandse vertaling van Aris J. van Braam, getiteld *In 't bijzonder katten*, voorzien van mooie illustraties door Maus Slangen.

Zelden heb ik zulke goede kattenverhalen gelezen. Zonder enige sentimentaliteit of geforceerde vertedering schrijft Lessing over het dier dat haar zo dierbaar is. Ze kan jaloersmakend veel facetten van de kat laten zien, doordat ze zo'n afwisselend leven heeft geleid.

Haar eerste katten maakte ze mee op de boerderij die ze in de jaren twintig met haar ouders in Rhodesië bewoonde. Daar begint haar boek mee, en het is meteen het indrukwekkendste, maar ook gruwelijkste deel ervan. Van compassie met katten kon in die harde wereld, waarin de boeren zich moeizaam staande hielden, geen sprake zijn. De katten moesten zelf hun kostje bij elkaar scharrelen. Werden ze ziek, dan gingen ze dood.

Er waren vooral te veel katten, omdat ze zich vermenigvuldigden als ko..., nee, als katten. 'Poezen betekenden jongen, veel en vaak.' Moeder Lessing verdronk de jonge katjes, maar er was een jaar waarin ze overspannen raakte en het als regelaar op de boerderij liet afweten. Een plaag van wel honderd katten dreigde.

Doris' vader besloot ze af te schieten.

'Op een gegeven moment kwam mijn vader de kamer uit, doodsbleek, met boos opeengeklemde lippen en betraande ogen. Hij gaf over. Toen vloekte hij krachtig, ging de kamer weer in en het schieten ging door.' Alleen de lievelingskat van ma werd gespaard. 'Dat mag nooit meer gebeuren,' zei haar vader toen het achter de rug was. 'En ik geloof dat het ook nooit meer gebeurd is.'

Toen Doris zich na de Tweede Wereldoorlog met haar zoon in Engeland vestigde, leerde ze de stadskat kennen, vergeleken met de boerderijkat een 'neurotisch, bangelijk, truttig' dier. Hij irriteerde haar aanvankelijk, die kat die maar afhankelijk zat te wachten tot er iemand thuiskwam. Maar ze merkte al snel dat ook de stadskat zijn charmes heeft als je er ontvankelijk voor bent.

Ze raakte betrokken bij geboortes, ziektes en ongelukken. Toen haar kat na een val moest worden afgemaakt, wilde ze geen katten meer, maar daar kwam ze van terug.

Aan haar ervaringen in de jaren vijftig en zestig kun je merken dat de verzorging van de stadskat nog weinig ontwikkeld was. Castratie en sterilisatie waren niet gebruikelijk. 'Ik wist toen nog niet wat het steriliseren van een poes inhield,' schrijft ze. Toen haar kat kattenziekte kreeg, begreep ze niet hoe ernstig dat is.

Later komen 'de grijze' en 'de zwarte' in haar leven en kan ze opgaan in het observeren van het moeizame, gedwongen samenleven van twee katten die elkaar daarvoor niet kenden. Ze beschrijft dit opnieuw franjeloos en daarom des te indringender.

Ik overweeg wel eens een tweede kat te nemen, maar

mede door dit boek zijn mijn aarzelingen heviger dan ooit tevoren. Want wat doe je die ander, die er het eerst was, aan?

Werken

Beproevingen voor de luie kat

De goede sint gaf mijn kat het boek *Uw kat trainen en opvoeden*. Het leek me niks voor mijn kat, maar sint vond kennelijk dat wij te weinig met haar deden.

Mijn kat nam het met enige reserve in ontvangst. Het liefst had ze gevraagd: 'Wat moet ik daar nou weer mee?' Maar ze is meegaand en bovendien weet ze dat het, zeker voor een kat, gevaarlijk kan zijn een gegeven paard in de bek te kijken.

Toen ze die avond, opvallend snel, naar haar slaapmandje vertrokken was, heb ik het boek nog eens goed doorgekeken. Het is geen kattenpis. De schrijfster, Miriam Fields-Babineau, is al twintig jaar professioneel kattentrainer voor de Amerikaanse filmwereld. Misschien traint ze tussendoor ook wel Amerikaanse filmactrices, want het valt me vaak op dat die kunnen praten als zeurderige katten.

Onze poes zouden zware beproevingen te wachten staan als wij dit boek serieus namen. Maar aangezien de sint het prijsje – 14,95 euro – op de achterkant had laten zitten, zat er weinig anders voor ons op.

'Een werkende kat is een gelukkige, gezonde kat,' schrijft Fields. 'Door te trainen zal niet alleen de relatie met uw kat verbeteren, u geeft uw kat ook de kans te bewijzen dat hij uitermate intelligent is.'

Een werkende kat! Daar zou onze Anne van opkijken. Doorgaans komt zij alleen in actie als haar ingewanden voedsel willen opnemen of afscheiden. Verder maakt ze ultrakorte wandelingen door het huis, een enkele keer onderbroken door een dolle sprong op de kast. Anne is zo iemand die misschien al te gemakzuchtig is geworden van onze sociale voorzieningen. Het was maar goed dat daar nu een einde aan zou komen. Sterke arbeidsprikkels in plaats van een hoge bijstandsuitkering – wat was daar mis mee?

Al de volgende dag gingen we gretig aan de slag. Fields wijst er steeds op dat je een kat moet africhten door hem na elke geslaagde oefening te belonen, liefst met wat voedsel. We begonnen met een springoefening. We moesten twee stoelen op korte afstand van elkaar plaatsen en Anne van de ene stoel op de andere laten springen. Vóór elke sprong legden we telkens een etensbrokje op de stoelzitting. De afstand tussen de stoelen moesten we geleidelijk vergroten.

Aanvankelijk ging alles goed, maar algauw kreeg Anne in de gaten hoe zij de brokjes kon bereiken met aanzienlijk minder inspanning, namelijk door eerst van de stoel op de grond te springen en daarna omhoog naar de andere stoel. Wij zagen het maar door de vingers, al vermoedden we dat dit niet de manier was om de Amerikaanse speelfilms van mevrouw Fields te halen.

Bij de volgende oefening moest Anne op commando leren zitten. We moesten een brokje vlak boven haar houden en onze uitgestoken wijsvinger langzaam achter haar kop brengen. Zij reageerde verbijsterd. Even wilde ze nog wel meewerken, toen wendde ze zich bruusk af en haastte zich weg. Haar hoge rugje zei: 'Wat is dit voor godvergeten uitsloverij?'

Ik vermoed dat wij niet meer aan de hoofdstukken

'Een ladder beklimmen' en 'Gebarentaal voor uw kat' zullen toekomen. Niettemin, bedankt sint.

Redden

Wel of niet te water?

Toen ik naar Amsterdam verhuisde, had ik geen idee dat daarmee ook een nieuw dilemma in mijn leven was gekomen: red ik wel of niet een verzuipende kat? Waar ik vroeger woonde, daar was geen water. Een kat kwam onder de auto, en dat was dat.

In mijn huidige omgeving kan het heel anders toegaan. Mijn buurvrouw vertelde me dat ze een poosje geleden een dood katje in het water van de gracht voorbij zag drijven, een akelig beeld dat haar nog lang bijbleef. Toen ze enkele weken later buiten een ijselijk krijsen hoorde, reageerde ze dan ook alert. Bij een bootje tegen de kade stonden enkele mensen voorovergebogen te kijken. Ze holde naar buiten en zag een cyperse kat aan de buitenboordmotor hangen.

Het dier was al uitgeput en had niet meer de kracht om de boot in te klimmen. De toeschouwers vonden het reuzevervelend, maar leken niet van plan hun goeie goed te riskeren. Mijn buurvrouw, die dol op katten is, aarzelde niet. Zij stortte zich, haar mooie suèdejasje ten spijt, half in het bootje en half in het water en hees de kat binnenboord.

Sindsdien kijk ik toch ánders naar de katten die elkaar langs de kade wellustig achternazitten. Ze nemen veel risico. Ze scheren langs de rand en lopen over de reling van boten.

Hun eigenaren zijn elders aan het werk of zitten

thuis hun krantje te lezen. Als de kat straks poter is (ik heb altijd gedacht dat dit woord Limburgs dialect was, maar ik zie nu tot mijn verbazing in mijn woordenboek dat het Bargoens voor 'kwijt' is), hangen ze een paar flyers aan de boom en gaan verder met het lezen van hun krant.

Intussen laten ze mij, toevallige passant op die kade, met een gewetensprobleem achter.

'Ja, wat zou jíj hebben gedaan?' vroeg mijn vrouw mij nadat we het verhaal van de buurvrouw hadden aangehoord.

Ik kan goed zwemmen, beter dan mijn vrouw, en het was eigenlijk voor het eerst in mijn huwelijk dat ik deze voorsprong enigszins betreurde.

'Ik zou in ieder geval de buurvrouw hebben gered,' zei ik om tijd te winnen. (Ik verzweeg dat 'reddend zwemmen' veruit mijn zwakste onderdeel was geweest toen ik destijds mijn diploma haalde – ik kreeg vaak meer water binnen dan 'het slachtoffer' op mijn borst, zodat deze persoon soms genoodzaakt was míj te redden.)

'Serieus, zou jij ook meteen in het water zijn gesprongen?'

'Voskuil zou het gedaan hebben,' zei ze toen ik bleef aarzelen.

'Weet je het zeker?'

We besloten het op te zoeken en, inderdaad, in de eerste twee delen van J.J. Voskuils autobiografische roman-cyclus *Het Bureau* komen enkele overtuigende mens-redt-dier-uit-water-scènes voor. Eerst springt Maarten Koning, Voskuils alter ego, 's nachts tot twee keer toe uit zijn bed (overigens wel op aandringen van zijn vrouw!) als hij buiten een kat hoort krijsen. De kat blijkt al door iemand anders op de kant gehaald en hij neemt hem mee naar huis. Later redt hij samen met een man een hondje uit de Prinsengracht.

Deze passages was ik vergeten. Verdringing? Ik keek na het herlezen ervan mijn vrouw aan en wist wat mij voortaan te doen stond.

Schrijverskatten

Ervaringen van Hermans en Reve

Willem Frederik Hermans en Gerard Reve hielden beiden van katten. Het is dan ook niet verwonderlijk dat
in hun briefwisseling *Verscheur deze brief! Ik vertel veel
te veel* de kat regelmatig opduikt.

Ze schrijven elkaar soms zeer gedetailleerd over hun
ervaringen met katten. Reve biedt Hermans een pas-
geboren katje aan, maar Hermans, nog in Groningen
wonend, vindt twee voorlopig wel genoeg. Die twee
heetten Bellepoes (of Belle) en Cals, naar de KVP-minis-
ter aan wie Hermans zo'n hekel had. De derde kat, Bastiaan, was juist overleden. Aan zijn dood wijdt Hermans
een huiveringwekkende passage in een brief uit 1955.

'Toen ik twee dagen in Groningen was, is Bastiaan
overreden. Zijn kop was plat als een kadetje, zijn ene
oog ingedrukt, het andere eruit. Een klein meisje met
stelten dat hem gevonden had en mij was komen roepen, lachte toen ik hem opraapte en het bloed van hem
afdruppelde. "U moet maar denken hij heeft zijn leven
gehad," zei ze. Zelfs kattenbloed kan geen indruk meer
maken op de kinderziel, in het tijdperk van de atomai-
re gemeenplaatsen.

Ik heb hem de volgende dag in een doos naar de
stadsreiniging gebracht, waar ik hem, op aanwijzing
van een vuilnisman, heb neergelegd op een vrachtauto,
die al halfvol was met straatvuil. Op de terugweg bedacht dat die mannen, zodra ik weg was, natuurlijk in

de doos zijn gaan kijken, om te zien of het geen vermoord kind zou wezen, misschien.'

Wat er ook gebeurde, Hermans bleef scherp observeren. Nadat ik deze passage had gelezen, pakte ik er een kaart bij die ik ooit had gekocht: Hermans met een kat in zijn armen, poserend voor Ed van der Elsken. Een van de beste kattenfoto's die ik ken. Voor het eerst lette ik op de titel achterop: 'W.F. Hermans met poes Sebastiaan (1955)'. Dezelfde kat, kort voor het ongeluk, nog net op tijd met zijn baas vereeuwigd.

Van Reve weten we dankzij deze briefwisseling dat hij niet te beroerd was de handen uit de mouwen te steken om zijn geliefde katten te hulp te snellen – soms met averechts resultaat.

Hanny Michaelis, de toenmalige vrouw van Reve, van wie ook enkele brieven zijn opgenomen, beschrijft in 1955 hoe hun poes die zomer zeven jongen had geworpen. 'Eén jong, een min, pikzwart beestje lieten we haar houden, maar toen het 4 1/2 week oud was, is het doodgegaan nadat Gerard het gedwongen had (uit pure zorgzaamheid) via een ventielslangetje onverdunde melk te drinken omdat het niet aankwam.'

Gelukkig kon Reve zich een jaar later revancheren bij een nieuwe bevalling. In zijn beste Engels schrijft hij aan 'Dear Willem'. 'At eleven in the morning she sat near the stove with a strange balloon of bubble gum sticking out of her behind. I washed my hands, put on a dust coat and began to render assistance. It was all firmly stuck, but with some gentle interference of the fingers I succeeded to get number one out.'

'A strange balloon of bubble gum' – wat een mooie omschrijving van het vlies waarin het katje zich nog bevond.

Er kwam overigens een opzienbarend groot katertje tevoorschijn, dat Reve alleen wilde afstaan als de nieuwe eigenaar hem Tiger of Tijger zou noemen en hem zou laten castreren.

In 1968, als hun vriendschap al over haar hoogtepunt is, meldt Reve dat hij nu vier katten heeft: Knorretje Panda, Kinkie, Maria en Prins Satan, ook wel Broertje geheten. 'Heb jij nog katten?' vraagt hij Hermans. Het is alsof hij met die vraag de intimiteit van hun oude vriendschap wil terughalen. Maar er zal geen antwoord meer komen.

Verbieden

Ook seks met katten ongeoorloofd

'Sorry, Anne, liever niet,' zei ik tegen mijn poes toen ze me op het tapijt onder de eettafel noodde.

Ze is nog steeds geen kat die gretig op schoot springt, ze heeft liever dat je naar haar toe komt. Met een paar indringende miauwtjes kan ze aangeven dat ze naar haar dagelijkse portie tederheid verlangt. Maar wel graag metéén, ja? Niet eerst dat hoofdstuk uitlezen of dat gesprek afronden – eerst ik, dan jij, zó zijn we getrouwd.

Ze ging al klaarliggen, de buik plat op het tapijt, van kop tot poot op zaligheid ingesteld.

'Ik kom niet,' zei ik weer.

Ze keek me meewarig aan. 'Hoezo niet?'

Ik wees naar het televisiescherm waar teletekst een bericht over verboden seks met dieren bracht. 'Het mag niet meer. De Tweede Kamer gaat het verbieden. Seks met dieren mag straks alleen nog als je er geen plezier aan beleeft. Dus bijvoorbeeld het masturberen van een paard om zaad te krijgen.'

'En als ík er toevallig plezier aan beleef?' vroeg ze.

'Dat telt niet, het gaat om de motieven van de mens.'

'Daar zijn we mooi klaar mee,' zei ze, terwijl ze zich met tegenzin traag oprichtte en uitrekte. 'Vond je het eigenlijk wel zo lekker? Je kon behoorlijk afwezig zitten aaien, dat merkte ik heus wel.'

'Ik deed het natuurlijk vooral voor jou, maar ik moet

toegeven dat het ook voor mij iets rustgevends had. En jij?'

'Ik vond het meestal wel prettig,' zei ze met enige aarzeling, 'maar om het nou *seks* te noemen, dat lijkt me overdreven. Onder seks verstaan wij iets anders. Dat is meer dat je in de schemer in een winderige tuin zit te rillen van een rare koorts in je buik en dat er dan ineens een enorme, stinkende kater je van achteren bespringt om je te verkrachten. Zouden jullie dát niet eens willen verbieden – seks *tussen* dieren?'

'Daar gaan wij niet over,' zei ik streng.

'Maar jullie verbieden wél het enige wat ik nog een beetje prettig vind – een onschuldig soort aaien door een mensenhand?'

Ik probeerde haar uit te leggen dat dit de consequentie kon zijn van de wettelijke strafbaarstelling van seks met dieren, waar de Tweede Kamer nu zo'n voorstander van is. Het begint met het verbod op dierenporno, maar voor je het weet durf je geen kat meer op schoot te nemen en mag er geen hond meer tegen je oprijen.

'Dat heb ik ook altijd een rare gewoonte van die honden gevonden,' zei ze.

'Daar gaat het nu even niet om. We komen met deze nieuwe wetgeving in een schemerzone terecht. Wat mag er wel en wat niet? Is het gewone kroelen met een dier al seks? Vergelijk het met mensen die niet meer een kind durven aanraken uit angst dat ze voor pedofiel worden aangezien.'

Ze knikte, een tikje aangeslagen, en ging weer op het tapijt liggen. 'Kom toch maar even hier,' zei ze. 'Als je er later problemen mee krijgt, wil ik best getuigen dat dat kroelen van jou niks met seks te maken heeft, het is meer, hoe zei je dat ook weer…?'

'Rustgevend.'

'Precies. En echte seks geeft helemaal geen rust. Dat hoef ik jullie mensen toch niet uit te leggen?'

Stukje

De kat in de boom

De stukjesschrijver maakt iets mee op zijn wandeling door de stad. Wanneer beseft hij nou dat daar ook een stukje in zit? Dat wordt mij vaak gevraagd. Het antwoord moet onbevredigend zijn: het verschilt per gebeurtenis. Soms weet je het meteen, soms twijfel je een poosje, soms besef je het pas dagen of weken later. Ik zal een recent voorbeeld geven.

Ik liep over Realeneiland, een van de drie nog altijd aangenaam rustige eilandjes ten westen van het Centraal Station van Amsterdam. Jan Mens heeft veel over dit eiland geschreven, al moet ik bekennen dat ik zijn boeken nooit gelezen heb. Plotseling hoorde ik een kat krijsen, rauw en radeloos. Ik keek om me heen, zag niets en wilde doorlopen toen ik weer die om aandacht smekende uithalen hoorde van een dier in kennelijke doodsnood.

Ik naderde een kaderand en keek omhoog naar de toppen van een groepje dichtbebladerde bomen. Daar zat hij (of zij), een cyperse kat, zoals ik er zelf ook een had. Hij bevond zich op een stevige tak, zo'n drie meter boven de grond. Ik probeerde hem te kalmeren, maar hij liet me niet uitpraten en eiste op onverminderd luide toon onmiddellijke actie van mij.

Wat te doen? Ik had geen mobieltje bij me en belde aan bij het huis aan de overkant. Geen reactie. Ook achter de ramen van andere huizen zag ik geen tekenen van leven. Het leek me een buurt met veel keihard werkende tweeverdieners, want hoe moesten ze anders die dure appartementen en huizen betalen?

Ik liep hulpeloos terug naar de kat in de boom, maar die snauwde me woedend weg: sufferd, lul, ga die buurt in, roep, schreeuw, maak amok, dóe wat!

Ik belde weer ergens aan. Diep in het huis begon een hond te blaffen. Toen hoorde ik, goddank, vlugge voeten op een trap en de bovenste helft van de voordeur zwaaide open. Een vrouw van middelbare leeftijd keek me aan.

Hier moet ik de handeling even stopzetten.

Wat zou nu goed zijn voor mijn stukje? Het helpt altijd als er meteen iets onverwachts gebeurt, maar het hoeft niet. Het kan ook voldoende zijn als die mevrouw mij nogal onaangenaam te woord staat.

Ze kan zeggen: 'Man, wat heb ik met dat beest te maken? Er zitten hier al veels te veel katten. Dat krijst en dat schijt maar in mijn tuin. De eigenaren zijn nooit thuis en wij zitten met de overlast. Wat zegt u? Dieren in nood? Schei toch uit met dat sentimentele gezeur. Je lijkt wel zo'n derderangs stukjesschrijver die niks anders weet te verzinnen dan kleffe verhaaltjes over zijn katten.'

Kijk, in zo'n geval was mijn stukje al zo goed als rond geweest. Maar, helaas, dat zei die vrouw helemaal niet. Het was een vriendelijke, behulpzame vrouw.

'Maakt u zich geen zorgen,' zei ze, 'het is de kat van de buren. Hij zit nog maar tien minuten in die boom. Als de buren straks thuiskomen, zal ik ze meteen waarschuwen. Bovendien werkt mijn man bij de brandweer. Die heeft dit vaker bij de hand gehad. Ik verwacht hem zo thuis.'

Ik bedankte haar omstandig en liep weg – niet langs die boom, maar via een omweg, want ik weet zeker dat die kat mijn verhaal over de brandweerman niet zou hebben geloofd. Ik sloeg de hoek om en dacht met enige spijt: jammer, er zit geen stukje in.

Gruwelijkheid

Het 'joodse' huisdier moest ook dood

In de ramsj kocht ik het boek *LTI, de taal van het Derde Rijk* van Victor Klemperer. LTI staat voor Lingua Tertii Imperii. Klemperer laat in dit boek uit 1947 zien hoe de nazipropaganda de Duitse taal beïnvloedde. Van Klemperer, een joodse filoloog in Duitsland, kende ik tot dusver alleen zijn oorlogsdagboek *Tot het bittere eind.*

Ik stuitte in *LTI* op deze schrijnende alinea: 'Later werden onze huisdieren, katten, honden en zelfs kanaries, dan ook afgepakt en gedood, niet sporadisch en uit minachting door een enkeling, maar officieel en systematisch, en dat is een van de gruwelijkheden waarover geen enkel proces van Neurenberg verslag doet en waarvoor ik, als ik het voor het zeggen had, een torenhoge galg zou oprichten, ook al zou me dat de eeuwige gelukzaligheid kosten.'

Dit is een veel minder bekende en beschreven kant van de jodenvervolging, begrijpelijk, want de historici hadden hun handen al vol aan de beschrijving en verklaring van de Holocaust. Toch zou je die gewetenloze en kennelijk óók systematische moord op wat honderdduizenden dieren moeten zijn geweest, eveneens tot de Holocaust mogen rekenen.

Hoe heeft Klemperer het in die dagen zelf ervaren? Hij wijdt er enkele indrukwekkende passages aan in *Tot het bittere eind.*

Op 15 mei 1942 schrijft hij: 'Mevrouw Ida Kreidl, die

ik tegenkwam toen ik boodschappen deed, vertelde me over de nieuwste verordening en gaf die ons toen te lezen in het blad van de Joodse Gemeente: het is sterjoden en iedereen die met hen samenwoont, met onmiddellijke ingang verboden huisdieren (honden, katten, vogels) te houden, de dieren mogen ook niet ter verzorging aan derden worden gegeven. Dat betekent het doodvonnis voor Muschel (de kat van de Klemperers – FA), die we ruim elf jaar hebben gehad en waaraan Eva (de vrouw van Klemperer – FA) zeer gehecht was. Hij gaat morgen naar de dierenarts om hem de angst van het opgehaald-worden en de gemeenschappelijke doding te besparen. Wat een lage en doortrapte grueldaad jegens die paar joden. (…) Voor Eva is het altijd een houvast en een troost geweest. Ze zal nu minder weerstandsvermogen hebben dan tot dusver.'

Drie dagen later constateert hij: 'Het aanstaande einde van Muschel drukt zwaar – ik wou dat het al voorbij was. (…) En het einde van onze kater is slechts een bijzonder vreselijke schok te midden van de vele en dagelijks toenemende benauwdheden.'

Ze staan voor een dilemma. Als ze wachten tot het inleveringsbevel van de gemeente arriveert, mogen ze de kat niet meer zelf laten afmaken. Maar stel nu dat het regime de volgende dag valt? Klemperer laat de beslissing aan Eva over. 'Ze nam het dier in de nu inmiddels traditionele kartonnen kattendoos mee, ze is bij de doding aanwezig geweest die na een snelle narcose plaatshad – het dier heeft niet geleden. Maar zíj lijdt.'

De grootste wreedheid school wat mij betreft in het verbod de dieren aan derden te geven. Daar hadden mensen als Klemperer en zijn vrouw misschien nog enigszins mee kunnen leven. Maar nee, de dieren moesten ook verdelgd, want ze hadden omgang gehad met joden en waren dus besmet.

Dat vond Hitler, die zelf zó dol was op zijn herdershond Blondi dat hij haar, net als Muschel, liet doden toen de vijand nabij was.

& ANDER GESPUIS

Reiger

Een schoft van een roofdier

De blauwe reiger is ook in de stad alomtegenwoordig. Vier, vijf tegelijk aan een Amsterdams grachtje, dat is geen ongewoon gezicht. Langs de Egelantiersgracht in de Jordaan komt elke middag omstreeks halfvier een reiger op het dak van een personenauto zitten. Hij gaat pas weg als iemand hem vanaf de tweede verdieping wat voedsel heeft toegeworpen.

Nu is Amsterdam al sinds lang een stad voor reigers. Het zijn er alleen steeds meer geworden dankzij de milde winters van de laatste jaren en een afnemend gebruik van gifstoffen. Ze houden van water en van hoge bomen om in te broeden en misschien ook wel van het gevoel voor humor van Amsterdamse tramconducteurs. Toch was de reiger een paar eeuwen geleden veel schuwer. Hij meed mensen, want ze joegen veel op hem omdat ze hem een lekker hapje vonden.

De reiger vertederde mij altijd als ik hem in een stedelijke omgeving tegenkwam. Hij zag eruit als iemand die hier toevallig was beland, en er een beetje tegen wil en dank was blijven hangen, want je moet je nu eenmaal aanpassen in het leven. Ik mocht graag naar hem kijken. Vanuit de verte lijkt hij wel een *opgezette* vogel, een levenloos, kunstmatig geval, een tekening geknipt uit dun, grijzig karton.

Mijn liefde voor de reiger ging zelfs zo ver dat ik acrobatisch uit mijn raam ging hangen om een foto van

hem te maken, toen hij op het dak van een tegenover-
liggend huis een kwartier lang geen veer verroerde. Een
standbeeld van onaandoenlijkheid. Het was een wat
vage foto, toegegeven, en ik hield er dan ook mee op
hem te laten zien, toen mensen zich steeds weer afvroe-
gen of het mijn magere overbuurvrouw was, zonnend
op haar dakterras.

Lofzangen op de natuur duren algauw te lang. Ik
schrijf dit stukje dan ook vooral om te bekennen dat er
een beetje de klad is gekomen in mijn liefde voor de reiger.

Het is mij overkomen dat ik 's morgens vroeg een
paar dotten gelig stofdoek op het plaveisel naast een
gracht zag liggen. Dichterbij gekomen zag ik dat het de
uiteengereten lijkjes van eendenkuikens waren. Overal
bloed, veren en de stilte van de dood.

Ik keek om me heen. Op vijf meter van me vandaan
zaten enkele reigers. Ze groetten niet, maar keken met
afgewend gelaat naar de gracht. Ze vroegen zich kennelijk af wat ik hier kwam doen, maar ze wilden niet onbe-
leefd zijn en wachtten rustig af tot ik was opgedonderd.

Langzaam drong de naakte waarheid tot me door. Ik
liep naar de overkant van de gracht en stelde me spie-
dend tussen enkele auto's op. Mijn reigers waren alweer
in actie gekomen. Ze stonden met hun lange snavels
doelgericht de kuikens in kleinere mootjes te hakken.
Ergens vanuit het water kwam het hulpeloos gekwetter
van eenden. Ik vloekte. Schoften, riep ik bijna, moor-
denaars, want als mens blijf je moralist. Een vogelken-
ner die ik later raadpleegde, hielp me definitief uit de
droom: 'Het zijn echte roofdieren.'

Ook gij, reiger.

Poep

Een daling van de droldichtheid

In een zaaltje in de Holiday Inn in Leiden werden twee problemen zichtbaar die Nederland in toenemende mate kwellen: de hondenpoep en de conferentiezucht.

Om met het laatste te beginnen: het Nederlands Studie Centrum belegde een studiemiddag voor vooral wethouders en ambtenaren over 'het gemeentelijk hondenpoepbeleid'. Kosten per deelnemer: 695 gulden, exclusief btw. Voor één middag, die om halfeen begon met een lunch, om halfdrie onderbroken werd voor een kopje thee en om vijf uur afgesloten werd met een borreltje. De middag bestond verder uit twee lezingen en enkele workshops oftewel 'parallelsessies'. Ik sprak enkele ambtenaren die het ook zelf allemaal ongelofelijk duur vonden en blij waren dat ze het niet uit eigen zak hoefden te betalen. Waarom organiseren ze zoiets dan niet zelf, vroeg ik nog, maar dat bleek gemakkelijker gevraagd dan gedaan.

De opkomst moet voor het Nederlands Studie Centrum zeer bevredigend zijn geweest: zo'n zeventig ambtenaren uit alle delen van Nederland. Amsterdam had er zelfs vier afgevaardigd, want daar zijn deelraden en die hebben kennelijk allemaal hun eigen poepdeskundige. Ook de gemeenten Den Haag en Purmerend kwamen met ieder twee deelnemers goed voor de dag.

In de uitnodiging stond het woord 'hondenpoepbeleid'. Dat is en blijft een vervelend en onsmakelijk woord, vooral als je de lunch nog niet helemaal verteerd hebt. Enkele sprekers stelden dan ook tot ieders dankbaarheid voor om de rest van de middag over 'het hondenbeleid' te spreken. Dat lukte aardig, al was het vooral bij de diapresentatie moeilijk te camoufleren dat het op deze middag toch louter en alleen om de schijtende hond ging.

Daarover bleek een brochure te bestaan, getiteld 'Gemeentelijk hondenbeleid', waarover een van de belangrijkste sprekers zei: 'Eigenlijk staat alles wat ik te zeggen heb al in die brochure.' De brochure lag voor ons op tafel en, inderdaad, het klopte.

Waren er nog veel *nieuwe* feiten?

Ik vermoed van niet, al moet ik erbij zeggen dat ik op het gebied van hondenpoep, als elke Amsterdammer, niet meer dan een ervaringsdeskundige ben. Wel kreeg ik de indruk dat een stad als Amsterdam veel kan leren van de stad Utrecht, waar ze in 1996 het project 'Domstad poepvrij!' zijn begonnen. Er kwamen 300 hondentoiletten (afgeschutte grasveldjes), 65 hondenspeelweiden, zes hondenhaltes met gratis poepzakjes, extra afvalbakken en vier hondenwachters die bekeuringen mogen geven. Het opzetten van het project kostte 1,7 miljoen en de onderhoudskosten bedragen jaarlijks een miljoen. Het effect: 'de droldichtheid' (vakterm voor het aantal hondenrollen) is in Utrecht met 50 procent gedaald.

'Dat vind ik eigenlijk maar een gering rendement,' zei een ambtenaar van een andere gemeente. Zijn stem klonk hees van jaloezie.

Lieve muisjes

'Prinses Irene' als cursusleider

Irene van Lippe-Biesterfeld, door mij in gedachten nog altijd hardnekkig met 'prinses Irene' aangeduid, heeft weer een boek in het licht gezonden: *Samen, de natuur als familie*. De boekhandelaar aan wie ik vroeg of hij het in voorraad had, reageerde kortaf: 'Helaas wel.' Hij keek erbij als iemand die met grote tegenzin met zijn tijd meegaat.

Zelf was ik nog niet eerder tot de kern van dit eigenzinnige oeuvre doorgedrongen. Ik wist dat er hartelijke contacten met dolfijnen en bomen in werden beschreven, maar hoe dat precies in zijn werk ging – geen idee.

Het interessante van het nieuwe boek is dat Irene er zelf weinig in aan het woord komt. Zij maakt vooral ruim baan voor de bijdragen van haar 'cursisten'. Zij geeft namelijk cursussen onder de naam 'Dialoog met de Natuur'.

Wat behelzen deze cursussen precies?

Heel grof gezegd: de cursisten wordt geleerd één te worden met de natuur.

Zo beschrijft een vrouw hoe zij na het verlies van een vriendin een gesprek had met een treurwilg. 'Ik wil niet treurig zijn,' zei ze tegen de wilg. 'Heel duidelijk kreeg ik onmiddellijk antwoord: "Maar dat ben ik ook niet." "Wat ben je dan wel?" volhardde ik in mijn verweer. "Ik ben!" Het klonk zo sterk, en ik werd er helemaal warm van…'

Dat keert regelmatig terug: de gewaarwording van *warmte* in het contact met eekhoorns, kweepeerbomen, tuinkabouters en andere natuurverschijnselen. Vooral de vrouwen gaan daar tamelijk ver in. Edith Nagel (53, klassiek homeopaat) beschrijft hoe zij aan haar gerief komt dankzij een wat 'oudere catalpa'. 'Ik ontving een duidelijke en "stevige" massage van buik naar borst en keelgebied die weldadig aanvoelde. Daarop begon mijn bovenlichaam vanaf mijn middenrif te bewegen, een soort schokken en spasmen.'

Maar de show wordt gestolen door Renée Zeegers (42, medisch fotograaf). Het boek opent met haar verhaal over een muizenplaag in haar huis. Ze besluit contact te zoeken met de muizen zélf. 'Lieve muisjes,' zegt ze tegen hen, 'we houden van jullie, jullie zijn welkom, maar niet aan onze spullen zitten of ziektes op ons overbrengen.'

De muizen luisteren maar even. Dan komen ze weer terug – zo zijn die rotmuizen nu eenmaal. Renée richt zich nu tot de 'Hoofdmuis'. Ze vertelt hem dat ze gif moet gebruiken als het zo doorgaat. Maar de Hoofdmuis heeft zijn ondermuizen slecht in de hand en er vallen drie doden 'die we met veel respect begraven hebben'.

Hier zien we dat de titel van het boek een kleine uitbreiding had verdiend: *Samen, de natuur als familiegraf.*

Eekhoorns

Dig Istha vindt het niet relevant

Van de KLM zouden we eindelijk precies te horen krijgen hoe het zat met de moord op de 440 eekhoorns. Woordvoerder Dig Istha kwam het ons uitleggen tijdens een persconferentie op de achtste verdieping van het KLM-gebouw in Amsterdam, waar de portretten van KLM-groten als Plesman en Orlandini aan een roemrijker verleden herinnerden.

Istha is doorkneed in het vak van woordvoerder. Of het nu om de politiek of het bedrijfsleven gaat, Istha verkoopt de boodschap alsof hij haar zelf heeft moeten betalen. Gedecideerd, vastberaden en in onwankelbare trouw aan zijn opdrachtgever. En vooral ook: in hoog tempo, want de KLM heeft waarachtig nog wel wat anders aan haar hoofd dan een stelletje mottige eekhoorns uit Peking.

Istha had met grote letters 'mea culpa' op zijn voorhoofd gezet. Het begint een beetje een trend te worden in het openbare leven. Geef je schuld toe, doe dan in ieder geval alsof, sluit vervolgens bliksemsnel het dossier en gooi het zwierig in de brandkast. Nog vragen?

Ja, we hadden er toch nog een paar.

Zo wilden we graag weten wat er op die dag in april *precies* gebeurd was. Er komen 440 eekhoorns uit Peking aan. Ze mogen niet naar Athene door, want de papieren zijn niet in orde. Ergens in een hoek staat een shredder, ook wel versnipperaar of hakselmachine genaamd. Het ding wordt gebruikt om eendagskuikens te 'euthaniseren'. Wíe heeft op zeker moment geroepen: 'We gooien die verrekte eekhoorns er ook maar in?'

Het ging ons niet om de identiteit van de betrokkene, we wilden zo graag zijn plaats in de hiërarchie van de afdeling 'shredder' weten. En was hij op dat moment alleen, of kon hij beraadslagen met andere collega's, had iemand bezwaren geopperd, of hadden ze gewoon eendrachtig de mouwen opgestroopt en de eekhoorns één voor één in de helse machine geflikkerd, terwijl ze grappen maakten dat het leuk zou zijn als je ook de president-directeur of desnoods diens woordvoerder eens zo'n beurt zou kunnen geven?

Istha schudde resoluut het hoofd. Hij wilde ons best vertellen dat het hier een ongelukkig incident, en geen beleid, betrof, hij wilde ons ook nog graag wijzen op de internationale onderscheiding voor ideale dierenbehandeling die de KLM onlangs heeft gekregen, maar over de toedracht van de slachting wilde hij niets kwijt.

Niet relevant, zei hij. De chef van de afdeling was op het matje geroepen, want hij was verantwoordelijk. Daarmee basta. Was die chef zelf aanwezig geweest, vroegen wij nog.

Helaas: niet relevant.

De rechter kijkt de verdachte aan. 'U bekent nu wel dat u uw vrouw en vijf kinderen heeft vermoord, maar vertelt u me eens: hoe en waarom heeft u dat gedaan?' De verdachte kijkt stuurs naar buiten waar hij juist een KLM-vliegtuig ziet overkomen en zegt: 'Niet relevant.'

Vechtras

De lelijkste hond ter wereld

Op het Malieveld in Den Haag verzamelden zich een kleine honderd hondenbezitters. Zij wilden demonstreren tegen het fok- en houdverbod dat de regering overwoog voor de rassen American Staffordshire Terrier, Fila Brasileiro, Mastino Napolitano en Dogo Argentino. Bijna iedereen had zijn hond thuisgelaten, misschien uit vrees voor bloedige complicaties. Op een briefje van de organisatoren aan de deelnemers viel althans deze zin op: 'Het allerbelangrijkste is dat er geen hond/hond-conflicten ontstaan.'

Hond/mens-conflicten werden niet genoemd, maar ik besloot toch een beetje uit de buurt te blijven van de paar honden die wél waren meegenomen. Onder hen was een massieve Mastino Napolitano, die begeleid werd door een jong, opgetogen echtpaar.

De bezitters van dergelijke als agressief bekendstaande honden hebben een onmiskenbare neiging tot overcompensatie. Ze schreeuwen het bijna uit: jullie hoeven niet bang te zijn, kijk maar eens wat voor lieverds het zijn.

Terwijl een eigenaar zijn Dogo Argentino – een gedrongen, gespierde vechtjas – stond te tongzoenen, probeerde ook het echtpaar van de Mastino allerlei kunstjes met zijn hond uit. De Mastino Napolitano is de lelijkste hond ter wereld. Hij heeft de kop van een volgevreten, fascistische dictator die per ongeluk tweehonderd jaar is geworden, en de romp van Mike Tyson in zijn bloeiperiode. De kop bestaat uit leerachtige plooien en kwabben waaruit soms wat kwijl druipt, de ooghoeken zijn bloeddoorlopen.

'Een hond is pas écht mooi als hij lelijk is,' zei de eigenaar met een paradox die Harry Mulisch hem niet verbeterd zou hebben.

Het echtpaar duwde steeds een stok of een paraplu in de kluis van de bek en riep dan 'los'. De Mastino gehoorzaamde niet altijd terstond, maar misschien doet hij dat wél als er een kinderarmpje in zijn bek wordt gestoken.

'Gevaarlijk zijn alleen de honden op twee poten,' zei een vrouw die bij de Dogo Argentino hoorde. Dat was de teneur onder de eigenaren: de honden deugen, de bezitters (soms) niet.

De stoet zette zich in beweging onder spandoeken met teksten als (H)ONTERECHT en STRAF DE DAAD, NIET HET RAS. Op het plein voor de ingang van het parlementsgebouw begon een hondenvoorman aan een korte toespraak. Enkele meters verderop stond een kleine, donkere man. Hij hield een bord omhoog waarop hij aandacht vroeg voor zijn situatie. Hij was een Egyptenaar die – met een Nederlands paspoort – al tien jaar hier woonde, maar geen werk en woning had.

Er ontstond enige onrust onder de hondenbezitters. Er werd geroepen: 'Stop 'm onder het tapijt' en 'Ik maak hem straks kapot'. De Egyptenaar zei een paar keer: 'Mensen zijn belangrijker dan honden.'

Ten slotte liet hij zich door een politieagent naar achteren dringen. Toen ik hem daar opzocht, wees hij steeds op een bruin kunstleren koffertje aan zijn voeten. 'Daar zit alles in,' zei hij. 'Mijn boekhouddiploma en 25 afwijzingsbrieven op sollicitaties. Ik blijf volhouden.'

Alsof hij wilde zeggen: ook mensen zijn een vechtras.

Duif

Schijnbewegingen als van Cruijff

Op het Spui zat een echtpaar van middelbare leeftijd een ijsje te eten. Het leek de laatste fraaie zomerdag van het jaar. Die morgen had de man misschien gezegd: 'Laten we een dagje Amsterdam doen, het kan nu nog.' Als oudere provinciaal ga je liever niet in herfst of winter naar die toch al zo onheilszwangere stad.

Het ijsje hadden ze gekocht bij een karretje vlak bij het Lieverdje. Je kon er ook hotdogs en zuurkool krijgen, zodat de ijseter zich zo snel mogelijk uit de voeten moest maken als hij niet overvallen wilde worden door een misselijkmakende melange van geuren. Wat zou het ijsconcern volgende zomer tevens in de aanbieding hebben? Spruitjes? Koolraap?

'Daar zit Oster,' zei de man.

'Wie?'

'Oster. Fred Oster.' Hij wees naar een terras aan de rand van het pleintje waar een kalende zestiger zat te praten met een man met een grote pet op zijn hoofd. 'Die van tv vroeger.'

'O, die,' zei de vrouw, maar ze was veel meer geïnteresseerd in een bruingrijze duif, die tussen tientallen andere duiven rond haar voeten hipte. 'Moet je kijken. Wat zielig.'

De man verplaatste met enige tegenzin zijn blik van de voormalige tv-coryfee naar de duif. Toen zag hij het ook: om het rechterpootje van de duif zat een blauw touwtje gewikkeld.

'Straks knelt dat zijn pootje af,' zei de vrouw.

De man knikte afwezig. Duiven genoeg. Maar zijn vrouw leek ervan overtuigd dat de Schepper er minder laconiek over had gedacht. Ze bukte zich om de duif op te pakken. De vogel sprong haastig weg. De vrouw stond op en deed weer een greep naar de duif. Ze viel bijna voorover omdat de duif haar opnieuw behendig ontweek.

Haar jacht kreeg nu iets verbetens, zoals je wel vaker ziet bij mensen die hun leven in dienst hebben gesteld van het een of andere heil. Ze bewoog zich schokkerig over het plein, telkens een duikvlucht ondernemend die ze halverwege moest afbreken, omdat de duif haar met bijna cruijffiaanse schijnbewegingen ontsnapte.

'Doe ook eens wat,' riep de vrouw naar haar man.

Hij keek gegeneerd de andere kant op. Het vooruitzicht van een slapstickachtig tafereel met een bukkend en struikelend echtpaar te midden van ginnegappende toeristen op een druk Amsterdams pleintje lokte hem niet.

'Heeft u nooit een duif gevangen?' vroeg de vrouw in arren moede aan de ijscoman.

Hij haalde lacherig zijn schouders op en gaf haar een leeg hoorntje: 'Probeer het met wat kruimels.'

Maar de duif liet zich het leven niet redden, en de vrouw staakte haar pogingen. 'We gaan naar huis,' zei ze mismoedig tegen de man. En ze gingen.

Fred Oster zat er nog, nu alleen, en aan zijn onbewogen gezicht was te zien dat hij zich niet bewust was van het drama dat zich zojuist onder zijn ogen had afgespeeld.

Varkens

Willen we een dure gehaktbal?

Als ik varkensboer was, zou ik dan mijn nering nog in de volle openbaarheid durven verdedigen? Liever niet. Steeds weer die confrontaties met de morele verontwaardiging van de buitenwereld – dat kan geen pretje zijn.

De varkensboer als *underpig*, wie had dat ooit verwacht? Toch betrapte ik me op dergelijke gevoelens, terwijl ik in Paradiso in Amsterdam zat te kijken naar het optreden van twee jonge varkenshouders: Annechien ten Have-Mellema uit Beerta en Arnold Kuepers uit Nederweert. Zij hadden zich laten uitnodigen door de Stichting Varkens in Nood.

De stichting had een discussiemiddag georganiseerd voor kinderen. Kinderen van groep 7 van de basisschool Halverwege uit Halfweg hadden een week eerder – samen met Yvonne Kroonenberg, 'ambassadeur' van de stichting – een bezoek gebracht aan een biologische en een gewone varkensboerderij. Daarvan kregen we een filmpje te zien waarop een gewone varkensboer tegen de kinderen zei: 'De varkens leggen hier schoon, droog en warm.'

Drie kinderen mochten samen met die twee varkenshouders en een ethologe aan de forumdiscussie deelnemen. Een aardig idee want kinderen vragen altijd dingen waar een volwassene in zijn superieure bezorgdheid over de wereld niet aan denkt. Zo zei een meisje nadat al allerlei gruwelijke feiten over nauwe hokken-zonder-stro de revue waren gepasseerd: 'Zielig dat die biggetjes zo snel bij hun moeder worden weggehaald.'

Het maakte meteen een relevante discussie los. 'Ach,' zei de blonde (zelfs struise) Annechien, 'na vier weken kan zo'n big zich al goed redden.' 'Nee,' reageerde de ethologe, Francien de Jonge, 'ze worden allemaal ziek als ze zo vroeg weg moeten. Ze kunnen wel zestien tot twintig weken bij de moeder blijven.'

De verrassendste vraag van de kinderen betrof de staartjes. Ze worden vaak afgeknipt omdat de gestreste varkens er bij elkaar in plegen te bijten. 'Er wordt maar een klein puntje afgeknipt,' zei iemand van de Land- en Tuinbouworganisatie Nederland. 'Nee,' riep een biologische boer, 'het gaat vaak wel degelijk tot de kont eraf.'

Toen vroeg een kind droogjes: 'Wat gebeurt er eigenlijk met die staartjes?'

Ze bleken in de afvalemmer te verdwijnen en samen met de dode varkens door een bedrijf opgehaald en vernietigd te worden 'om de verspreiding van ziektes te voorkomen'.

Boer Arnold en boerin Annechien verdedigden intussen met blakende eenvoud hun impopulaire beroep. Natuurlijk, ze vonden het ook erg vervelend voor de varkens, maar ze zagen geen alternatief. 'Als ik al die maatregelen moet nemen, wordt de gehaktbal een stuk duurder, zó duur, dat ik hem zelf niet meer kan kopen,' zei Kuepers.

Wil de samenleving dat – een dure gehaktbal? Naast me zat een biologische varkensboer. Hij had een gezin met vier kinderen. Kon hij ervan leven, vroeg ik. 'Nauwelijks,' zei hij.

Excursie

Op zoek naar wantrouwige spinnen

Natuurvereniging 'De Ruige Hof' hield in Amsterdam-Zuidoost een spinnenjachtexcursie. Dat leek me wel spannend. En leerzaam. Wat weet een gewoon mens nou van spinnen? Hij heeft meestal niet veel met ze op, vooral niet als ze enig haar op de poten hebben – katten en honden mogen, ja moeten, haar hebben, spinnen niet.

Daar stonden we dan met een klein groepje rond onze gids, een vriendelijke, magere man. Het was middag en het woei onaangenaam hard. Het gebied – heemtuinen met veel watertjes en halfhoog gewas – lag er kil en onaandoenlijk bij, maar volgens onze gids viel er genoeg te beleven. Alleen wat betreft de spinnen moest hij onze verwachtingen enigszins temperen. Het was oktober, zei hij, en veel oudere spinnen lagen te creperen, maar het gaf verder niet – spinnen zat.

Binnen, in natuurcentrum 'Zon Alom' – een jaloersmakende naam op deze grauwe dag –, waren we al voorbereid met een kleine tentoonstelling over de Nederlandse spin. Daarbij werd ik vooral getroffen door de informatie dat vrijwel alle spinnen kunnen bijten, maar de meeste – en zeker de beschaafde Nederlandse spinnen – dat niet doen.

Goed, we wisten genoeg, nu de heemtuinpaden op en de heemtuinlanen in. De gids had een spuitbusje bij zich en ging ons voor. Af en toe spoot hij wat water op de struiken om eventuele spinnenwebben zichtbaar te maken.

Wij struikelden opgetogen achter hem aan, zelden hadden wij zo verwachtingsvol uitgekeken naar spinnenwebben. Ik vroeg me af wanneer ik mijn laatste spinnenweb had gezien. Het was in mijn kelder geweest. Er had een vette, roerloze spin in een web gehangen, waarvan de randen even langs mijn gezicht streken, net als in een ouderwetse horrorfilm.

Onze excursie was inmiddels een kleine kilometer gevorderd, zonder dat we een spin waren tegengekomen. Het was alsof ze zich in een wantrouwig stilzwijgen hadden afgezonderd van dat groepje stadse idioten in hun soppende laarzen. Om toch wat te doen te hebben, vertelde de gids ons veel over zwammen en schimmels, maar wij wilden *spinnen* zien, en niets anders.

Eindelijk kregen we het eerste web te zien, maar de spin was helaas met de noorderzon vertrokken. Sommige deelnemers raakten in de greep van een meesmuilend soort verbittering. 'Dit had ook een neushoornexcursie kunnen zijn, dan hadden we ook niets gezien,' merkte iemand op.

De gids verlegde nu zijn aandacht naar de enige loslopende vrouwelijke deelnemer. Je zou het als het begin van een web kunnen zien, maar daar waren wij óók niet voor gekomen.

Na een uurtje waren we bij het beginpunt terug. Geen spin gezien, ook geen web meer trouwens.

'Jammer dat ik u zo weinig spinnen heb kunnen aanbieden,' zei de gids.

Wij gunden hem de overdrijving. Het was een onvergetelijke excursie geweest.

Beestjes

Springstaartjes zijn net mensen

Omdat ik in het gebouw van de GG en GD per ongeluk de verkeerde vleugel insloeg, stond ik opeens op de afdeling 'Ongediertebestrijding'. Misschien pleit het niet voor me, maar ik voelde me er meteen thuis, vooral toen ik een man van middelbare leeftijd een beetje deftig hoorde vragen: 'Er zit een kakkerlak in mijn printer – wat staat mij te doen?'

Hij stond voor een balie en keek hoopvol naar de man erachter, een dertiger in een blauwe pullover met een verlegen oogopslag.

'Doe de printer in een vuilniszak,' zei de ongediertebestrijder, 'spuit goed in die zak en laat hem twee dagen staan.'

De man ging tevreden heen, en ik besloot nog even af te wachten wat de klacht was van die magere, oudere mevrouw, vergezeld van een man die kleiner was dan zij en misschien ook daarom wat op de achtergrond bleef.

'We hebben last van beestjes,' zei ze tegen de medewerker.

Hij keek er niet van op. 'Welke?' vroeg hij.

Ze haalde nerveus een enveloppe uit haar tasje. 'Ik heb een paar dooie meegenomen.'

Ze nam enkele witte papiertjes uit de enveloppe waarop een stuk of vijf zwarte stipjes zaten van hooguit 1 millimeter in omvang. De medewerker nam de papiertjes mee naar achteren waar hij ze onder een microscoop legde. Even later haalde hij er een collega bij. Ze smoesden wat en knikten.

'Het zijn huisspringstaartjes,' meldde de medewerker zich weer. Hij zei het nogal achteloos, alsof het om een insect ging dat hem nooit erg had kunnen imponeren.

'Wat zijn dat?' vroeg de vrouw benauwd.

'Springstaartjes leven in een vochtige omgeving. Buiten vind je ze in mossen en algen, binnen kunnen ze op schimmels, bloempotten en aquaria zitten.'

'Krijgt u vaak meldingen van zo'n plaag?'

'Niet vaak. Heeft u er veel last van?'

De vrouw knikte gejaagd, terwijl ze met haar blik steun zocht bij haar man, die achter haar rug pogingen deed nóg kleiner te worden – hij begon die 1 millimeter aardig te naderen. 'We vinden het vreselijk,' zei ze. 'Overal duiken ze op. In het begin heb je er geen erg in, maar als je erop gaat letten zie je ze altijd. Ik kan niet tegen *het idee*. Misschien wel miljoenen beestjes die ergens in mijn huis eitjes leggen en rondkruipen! Vreselijk! Wat moet ik doen? Spuiten?'

De medewerker schudde het hoofd. 'Je kunt niet blijven spuiten. U moet de oorzaak wegnemen. Er moeten ergens in uw huis vochtige plekken zijn.'

'Kunnen jullie niet eens komen kijken?' vroeg de vrouw.

'Dat haalt weinig uit. Het kost u 125 gulden en we kunnen u niet méér adviseren dan ik nu. U moet die plekken zelf vinden en opruimen.'

'Vermenigvuldigen ze zich snel?'

'Als het vochtig blijft wél.'

Net mensen dus, die springstaartjes. Maar aan die

associatie had de mevrouw weinig. Ze verliet het vertrek met het gezicht van iemand die een noodlottige tijding had ontvangen. Haar man bleef in haar kielzog, en het kon aan het besprokene liggen, maar het viel me opeens op dat hij in zijn tred iets kruiperigs had.

Verbazing

De vagina en het hondje

Het regende het hele weekeinde hevig in Parijs, alsof de Seine de voorafgaande week nog niet brutaal genoeg was geweest door een deel van de kades onder water te zetten.

Regen stimuleert het museumbezoek, en zeker als het om een tentoonstelling als *Picasso érotique* gaat die driehonderd erotische werken uit het oeuvre van Picasso bevat. In dubbele rijen worstelden honderden mensen zich langs de tekeningen en doeken in de Galerie nationale du Jeu de Paume aan de Place de la Concorde.

Ik heb nooit eerder een tentoonstelling met zo'n lage omloopsnelheid van het publiek meegemaakt. Minutenlang stonden de liefhebbers op kleine tekeningen te bestuderen welk geslachtsdeel bij welke opening behoorde, en het werd er niet gemakkelijker op doordat sommige geslachtsdelen bij nader inzien geen enkele opening bleken toegedaan – zij beleefden voldoende plezier aan zichzelf.

Het is van een vervreemdende obsceniteit om met andere mensen, die naast je staan te puffen en te zweten, naar sterk erotisch geladen taferelen te kijken.

Het overkwam me voor de eerste keer, en het beviel me matig. Je ziet hoe een jonge man, nog gekleed in een trui en lui onderuitgezakt op bed, oraal bevredigd wordt door een meisje, en achter je hoor je twee dames tegen elkaar zeggen: 'Wat ligt hij er afstandelijk bij.' 'Ja, hij heeft iets van: wat gebeurt mij.'

Ik had het graag bestreden – die jongen lag gewoon heerlijk te genieten – maar mijn Frans is niet toereikend, laat staan mijn moed.

We leken als toeschouwers allemaal een beetje op die twee oude geilaards, die Picasso op een van zijn beste schilderijen van deze tentoonstelling had afgebeeld. Op *Suzanne et les vieillards* zie je hun koppen terwijl ze door het raampje van een peepshow naar een naakt meisje kijken, dat een been in de vorm van een penis opheft. Picasso was bijna 75 toen hij het maakte. Zelfspot?

De vrouwelijke toeschouwers legden vaak een gniffelend soort belangstelling aan de dag, de mannen liepen met een zo neutraal mogelijk gezicht rond, alsof ze tot uitdrukking wilden brengen dat Picasso hun op het gebied van de wellust niets te leren had – hij kon hooguit een beetje beter tekenen.

Als ik iets had mogen meenemen, zou het de tekening *Pipo* zijn geweest, een afbeelding van een hondje dat met een rood halsbandje om verbouwereerd ligt te kijken naar de uitdagend wijd geopende vagina van een vrouw op een laken. Het is alsof het hondje zich afvraagt of hij geacht wordt hiervan iets te eten – nou, wat hem betreft liever niet.

Veel later, omstreeks middernacht, trof ik een ander dier in een vergelijkbare staat van verbazing aan. We hadden gegeten in wat een van de fraaist gedecoreerde restaurants ter wereld moet zijn, het in 1901 gebouwde *Le Train Bleu* in het Gare de Lyon, en liepen door de aangrenzende, uitgestorven wachtruimtes met fraaie chesterfieldfauteuils. In die lege zee van stoelen bewoog op een zitting opeens één wezen: een dommelende kat. Hij keek ons intens ongelovig aan met ogen die vroegen: wat doen júllie hier?

Vlees eten

De inconsequenties van de (dieren)liefde

De vleeseter krijgt het steeds moeilijker. Op de televisie ziet hij gruwelijke beelden van slachtingen en 'ruimingen'. Hij koopt een hogelijk geprezen boek, *Dierenleven* van J.M. Coetzee, waarin het hoofdpersonage zegt: 'Laat ik het hardop zeggen: we zijn omgeven door een onderneming in vernedering, wreedheid en moord, die alles waartoe het Derde Rijk in staat was evenaart, sterker nog, nietig doet lijken, in die zin dat onze onderneming er een zonder einde is, zichzelf regenereert, onophoudelijk konijnen, ratten, kippen, vee ter wereld brengt met het doel ze te vermoorden.'

In De Balie in Amsterdam werd onder het motto 'Meat is murder' over dit boek gediscussieerd door de schrijvers Koos van Zomeren, Hugo Brandt Corstius en Charlotte Mutsaers. Discussieleider Anthony Mertens opende met de mededeling dat hij als kind met zo veel smaak 'bloedworst met appeltjes' had gegeten. Dat zou hij na lezing van *Dierenleven* niet meer doen, beloofde hij. Maar hij zei níet dat hij voortaan geen vlees meer zou eten. Daarmee blijft hij in de ogen van de vegetariër schuldig aan de holocaust op dieren waarover Coetzee schrijft.

Dat geldt ook voor Koos van Zomeren. Hij vertelde dat hij vleeseter is en dat Coetzee hem er niet van heeft overtuigd ermee op te houden. Hij was tegen de bio-industrie, maar hij vond dat boeren 'onder dierwaardige omstandigheden' dieren moeten kunnen houden. Hij was bereid minder vlees te eten en tegen veel hogere prijzen, maar hij wilde het niet afzweren. 'Wij kunnen niet leven zonder dat het ten koste van andere organismen gaat,' zei hij.

Het kwam hem op een storm van kritiek te staan. Eerst van Brandt Corstius, die dankzij een vegetarische opvoeding nooit vlees heeft gegeten, en van Mutsaers. 'Ook al wordt er maar één koe vermoord, dan is er dat al één te veel,' zei Brandt Corstius. Maar omdat hij zich er verder niet te druk over wilde maken ('Ik heb al zoveel meegemaakt…'), riep Mutsaers uit: 'Ik krijg niet de indruk dat er hier aan tafel erg onder *geleden* wordt. Maar het heeft op mijn leven een zeer neerdrukkende invloed.' Hierop reageerde Van Zomeren geërgerd: 'Ik laat me door jou niet de maat nemen. Moet ik het nu ook vreselijk noemen omdat jij het zegt?'

Daarop keerden enkele heetgebakerde dames in het publiek zich furieus tegen Van Zomeren. 'Waar betrekt u uw vlees eigenlijk?' 'Het is allemaal theoretisch gelul van u.' 'Het is onzin dat u nog hart voor dieren heeft.'

Ik denk dat Van Zomeren meer hart voor dieren heeft dan menige vegetariër, maar dat zal hem in deze discussie niet helpen. Ik herken en deel zijn positie. Onze zwakte is dat we vlees te lekker vinden. Dat rode, sappige stukje lijk op ons bord, daar doen we ongraag een moord voor.

'In liefde zitten inconsequenties,' zei Van Zomeren. Dat is waar, maar de vegetariër mag daar tegenover stellen: 'De liefde voor jezelf geeft de doorslag.'

Toeristen

De hond kan wel alleen blijven

Het Stedelijk Museum van Amsterdam is 's zomers een oase van rust en koelte waar ik graag mag komen. En er is altijd wel iets te zien waarmee je je voordeel kunt doen.

Aan het begin van de zomer stapte Karel Appel met een dame het restaurant binnen. Nu is een van de wanden van dat restaurant geheel gevuld met een schildering van Appel en de voor de hand liggende vraag was: hoe ging Appel zitten? Met zijn gezicht of rug naar zijn wandschildering?

Het werd zijn gezicht, wat niet zozeer met ijdelheid als wel met liefde te maken zal hebben. Wie wil niet op gezette tijden zijn kind terugzien?

Later haalde Appel als een onopvallende burger zijn jas op in de garderobe. 'En hoe vond u het?' vroeg het meisje van de vestiaire. Er liep een tentoonstelling van de jonge schilder Robert Zandvliet.

'Wel leuk,' mompelde Appel verlegen en hij maakte zich snel uit de voeten.

'Wie was dat?' vroeg een mannelijke collega van het meisje.

'Karel Appel,' zei ze blakend van trots, 'de grootste schilder van Nederland!'

De aardigste, want spontaanste complimenten krijgt een mens vaak niet zelf te horen – dus ik geef het maar even door.

Onlangs stond de treffende anekdote al bij de ingang van het museum te wachten in de personen van drie jonge Italiaanse toeristen – twee vrouwen en een man – en een vrouwelijke suppoost. En natuurlijk die hond, die voor mij geen persoon is, maar voor de hondenbezitter misschien wél.

De hond was spierwit en lag op de trappen voor de ingang, vastgebonden aan een paaltje. Hij bleek bij de toeristen te horen en moest, getuige de heftigheid van hun stemmen, al even inzet zijn van een scherp meningsverschil met de suppoost. De toeristen wilden samen met de hond het museum binnen, de suppoost herhaalde telkens dat daar niets van inkwam.

De toeristen probeerden een variant uit: bezoek aan het museum met achterlating van de hond. 'Nee, u moet die hond daar weghalen, anders bel ik de politie,' zei de suppoost.

Met verbazingwekkend fanatisme hielden de toeristen aan hun plan vast. Ze liepen naar het hokje van de beveiliging om hun gram te halen. Tevergeefs.

'Waarom blijft een van jullie niet bij de hond? Jullie kunnen elkaar toch aflossen?' probeerde de suppoost. O nee, daar kon geen sprake van zijn, het was samen uit, samen thuis. Ze staken de koppen bij elkaar, vertwijfeld, woedend en miskend. Na een poosje dropen ze af, maar ze bleven met hun hond nog zeker een half-uur op de trappen zitten – een soort stille demonstratie tegen de bekrompenheid van het Nederlandse museumwezen.

'Begrijp jij ze nou?' zei de suppoost tegen een collega.

Laat ik het proberen. Ze waren bang voor de eenzaamheid. De eenzaamheid van iemand die buiten

moet wachten terwijl zijn vrienden zich binnen verma-
ken. Dat vooruitzicht woog zwaarder dan de eenzaamheid van de hond. Die kon wel een poosje in z'n eentje
midden in een drukke stad liggen.

Karel Appel hield meer van zijn wandschildering
dan deze mensen van hun hond.

De dood van een reiger

Was Dolly wel de moordenaar?

Ruimschoots een uur voor de aanvang van zijn zaak heeft de heer K.C. Berckeheuvel postgevat voor de deur van de Haagse politierechter. In de blik van deze 62-jarige gepensioneerde Hagenaar met grijsgolvend haar ligt een zweem van uitdaging. Hij heeft geen advocaat in de arm genomen, hij kan het wel alleen af.

Berckeheuvel wordt beschuldigd van dierenmishandeling of dierenkwelling. Op mishandeling staat een gevangenisstraf van zes maanden, op kwelling een maand.

Berckeheuvel zou een reiger hebben vermoord. De nek gebroken. Je ziet het Berckeheuvel niet aan: die gebruinde, geciviliseerde handen om de smalle hals van de reiger, de snelle, knakkende bewegingen. Wij moeten even aan iets anders denken.

'De reiger was verstrikt in een draad, u gaf hem klappen met de vlakke hand, daarna brak u de nek,' leest de officier van justitie voor.

'Klopt dat?' vraagt de politierechter.

'Er is wel iets van waar,' zegt Berckeheuvel zelfverzekerd, 'maar zoals het hier verteld wordt, klopt er niks van. Ik kan het u met foto's laten zien.'

Hij loopt met een wit mapje naar het gestoelte van de rechter. 'Kijk, in mijn tuin heb ik een vijver met goudvissen die werden opgevreten door die reiger. Om te voorkomen dat hij kon landen, had ik draden gespannen. Dat was afdoende, totdat de buren een plant weghaalden. Er ontstond een opening waardoor de reiger toch nog naar binnen kon komen.'

Dat had de reiger niet moeten doen. Berckeheuvel schetst in globale bewoordingen wat er, volgens zijn waarneming, toen gebeurde.

Berckeheuvel bezit een ruwharige teckel, Dolly geheten. Dolly heeft een gezonde bloeddorst, zoals wel meer goed doorvoede maar slecht afgerichte Nederlandse honden, en daarmee stortte hij zich op de reiger. De vogel kon niet wegkomen, want hij zat verstrikt in de draden.

Berckeheuvel probeerde hem te helpen, maar de reiger pikte woedend naar hem. Er ontstond een razend gevecht tussen Dolly en de reiger. Berckeheuvel probeerde ze tevergeefs te scheiden. 'Ik gebruikte daarbij mijn voeten. Ik gaf de hond een schop en ik gaf de reiger een schop. En toen was-ie dood.'

De reiger, niet de hond.

'Ik lees in de dagvaarding niets over de rol van de hond,' merkt de rechter droog op.

'Ik heb het wel tegen de politie gezegd.'

Vier politieagenten waren kort daarna aan de deur verschenen – wie durft er nog te beweren dat de Nederlandse politieman boven zijn kop koffie zit te suffen terwijl de harde misdaad om zich heen grijpt? Ze werden vergezeld door een inspecteur van de Dierenbescherming. Nóg kan Berckeheuvel buiten zichzelf raken van woede als hij terugdenkt aan de houding van deze inspecteur. 'Die man zei meteen: je hebt 'm zeker de nek omgedraaid. En toen had-ie nog geen reiger gezien!'

Niemand zou ooit een reiger hebben gezien, althans

niet déze, want Berckeheuvel had het kadaver onmiddellijk na de fatale gebeurtenis in een container gestopt. Er moet een tipgever zijn geweest die de politie terstond inlichtte. Ongetwijfeld dezelfde persoon die later als getuige anoniem wilde blijven. Als Berckeheuvel ooit nog eens onderduikers wil huisvesten – beter niet in deze buurt.

De rechter citeert royaal uit de anonieme getuigenis. De getuige had het gegil van een dier gehoord, hij zag dat het een reiger was die vervolgens door Berckeheuvel met vlakke hand op de poten werd geslagen.

'Dat was duwen,' onderbreekt Berckeheuvel de rechter.

De reiger viel, verschanste zich achter een boom, Berckeheuvel sprong ook achter de boom. Dan volgt er een huiveringwekkend zinnetje in de getuigenis: *Toen werd er geen geluid meer gehoord.* De volgende scène die deze getuige zag: Berckeheuvel draagt een reiger-met-geknakte-hals naar de container. De getuige had geen hond gezien, noch enig geblaf gehoord.

'Dan hebben ze niet bij de naaste buren geïnformeerd,' zegt Berckeheuvel scherp.

'Van de buren die ze aantroffen, heeft niemand iets gehoord,' zegt de rechter.

De rechter somt het letsel op dat de dierenarts later bij de reiger vaststelde: een gebroken hals, een wond aan de rechterborst, een gebroken poot, een wond aan de rechtervleugel, een losgetrokken staartwervelkolom.

'Die hond heeft flink gebeten,' geeft Berckeheuvel toe. 'Zijn hok zat onder de veren. Maar volgens een van de politieagenten was de nek niet gebroken.'

'Volgens de dierenarts wél,' zegt de rechter.

De officier van justitie voelt zich in verlegenheid gebracht. Vermoedelijk had ze gehoopt op een spontane bekentenis van Berckeheuvel. Nu dat niet het geval is, maakt ze een terugtrekkende beweging. 'Vaststaat dat de nek van de reiger gebroken is. Maar hoe dat gebeurd is, blijft een vraagteken. Er is één anonieme getuige. Die is van grote waarde, maar er kan niet alle waarde aan worden toegekend. Zeker weten doen we niets, daarom concludeer ik tot vrijspraak. Hoewel het geen schoonheidsprijs verdient, zoals meneer Berckeheuvel hiermee is omgegaan.'

'Wilt u nog iets opmerken?' vraagt de rechter.

Berckeheuvel ruikt bloed – zijn hond heeft het niet van een vreemde. 'Dat laatste is een vreemde uitspraak van de officier. Wat heb ik dan verkeerd gedaan?'

De officier maakt een machteloos wegwerpgebaartje.

De rechter vonnist. 'We weten niet wie de anonieme getuige is, we kunnen hem of haar niets vragen. Het lijkt mij onwaarschijnlijk dat een teckel de nek van een reiger breekt. Maar er zijn te veel vraagtekens en daarom spreek ik u vrij.'

Berckeheuvel knikt alsof hij niets anders verwacht had. Dan schrijdt hij de zaal uit met zo'n rechte rug die je in speelfilms over rechtszaken bij zeer onschuldige mannen (Gregory Peck) ziet.

Radja

De buizerd op jacht naar de duif

Toen ik achter in de kerk plaatsnam, keek een Amerikaanse woestijnbuizerd, genaamd Radja, me van terzijde behoedzaam aan. Hij nam in de Zuiderkerk deel aan een 'Miniconferentie Duivenoverlast Amsterdam'. Er was ook nog een Amerikaanse roodstaartbuizerd die Tarzan heette. De vogels zaten vastgeketend aan de hand van twee jonge valkeniers uit het Brabantse Berghem.

Radja was een prachtige, bruine roofvogel met gele poten en een gele snavel. Een vrouwtje van drie jaar. Angelique, haar valkenier, had haar de eerste maand acht uur per dag getraind. 'Je leert ze vooral dat ze de mens moeten vertrouwen.'

Vreemd dat je dat met een vogel wél lukt, en met de meeste mensen niet.

Radja en Tarzan hielden hun omgeving scherp in de gaten, maar ze leken zich verder goed thuis te voelen in die kerk waar zo'n 75 duivenexperts de stadsduif onder de loep namen. Alleen al in Amsterdam zouden er 30.000 stadsduiven zijn. Voor veel steden, ook in het buitenland, begint het een steeds groter probleem te worden. Want de duif is brutaal en hij schijt overal. Wat te doen?

Hier komen Radja en Tarzan in beeld. Zij werken voor een bedrijf dat Flying Free heet. Daar kan men roofvogels bestellen om duiven te verjagen. De vogel valt de duif niet in de lucht aan, maar jaagt hem alleen op tot de duif doodsbang naar een op de grond staande kooi met een lokduif is gevlucht. De valkeniers nemen de duiven mee naar hun bedrijf, maken de zieke dieren af en zetten de gezonde later uit in bosrijke gebieden.

Het klonk goed, maar sommige experts in de kerk toonden de nodige scepsis. 'Veel zieke duiven kunnen best beter gemaakt worden,' zei een dierenarts. Maar in Amsterdam-Noord, waar al met de roofvogels wordt gewerkt, is men enthousiast.

Mijn indruk na een middagje luisteren: voorlopig zal de duivenoverlast niet worden opgelost. De deskundigen verschilden te veel van mening. Wat is bijvoorbeeld een zieke duif? En – cruciale vraag – zijn duiven voor hun voeding helemaal afhankelijk van de mens of kunnen ze zichzelf redden? De oplossing van de stad Aken kreeg nog de meeste steun: vang de duiven in grote tillen, laat ze broeden en vervang hun eieren door kalkeieren.

Remco Daalder, een Amsterdamse stadsecoloog, hield een warm pleidooi voor de duif. 'Behandel hem als een aardig dier, niet als een vliegende rat.' De duif verlevendigt de stad, vond hij. De burger moet geen duiven meer voeren, stelde hij, dan komen er vanzelf minder duiven.

Toen vertelde hij het verhaal van 'Cher ami'. Dat was een Franse postduif die in de Eerste Wereldoorlog over de Duitse linies naar de Franse kant vloog met een boodschap die 194 Amerikaanse soldaten uit een omsingeling redde. Cher ami stierf aan zijn verwondingen, maar leefde voort als oorlogsheld, geëerd met het Franse oorlogskruis en de Amerikaanse *medal of honor*.

Ik keek naar Radja en huiverde. Stel je voor dat zij zich op de Cher ami van je eigen troepen zou storten.

Jack Russell

René van de Kerkhof als hond

Toen ik langs een plantsoen in Amsterdam-West liep, vloog aan de rand van mijn gezichtsveld iets wits heen en weer over het gras. Ik keek nog eens goed.

Het was een kleine witte hond met een donkere snoet. Hij liep niet zomaar wat te darren, integendeel, hij was toegewijd bezig aan een serie manoeuvres die je als sportieve oefeningen zou kunnen aanduiden. Een baas was nergens te bekennen, hij moest zichzelf bezighouden. Hij deed dat met de zelfdiscipline van een atleet die moederziel alleen zijn rondjes in een verlaten stadion draait.

Bij de hond waren het alleen geen rondjes, maar strakke sprints van dertig, veertig meter. Nu hoeft dat op zichzelf nog geen opzienbarend verschijnsel te zijn. Hollende honden kennen we allemaal. Maar deze hond had een novum aan zijn acties toegevoegd, waardoor ik zeker tien minuten ademloos naar hem bleef kijken.

Terwijl hij in een waanzinnig hoog tempo zijn spurtjes maakte, dreef hij een grote, gele plastic bal voor zich uit. Hij deed dat alleen met zijn kop. Telkens gaf hij de bal een licht, bijna onmerkbaar tikje met zijn neus, zonder ook maar een moment vaart te minderen. Hij hield de bal dicht genoeg vóór zich om er het contact niet mee te verliezen, maar toch struikelde hij er nooit over. Zo trok hij zijn onberispelijke diagonalen over het gras.

Het was, kortom, grote kunst.

Dit was geen spelende hond meer, dit was een voetballende hond die zichzelf tot dribbelkoning had uitgeroepen.

Vergelijkingen schieten tekort, maar ik zal me er toch mee proberen te behelpen. Voor de ouderen onder u: denk aan Garrincha, de rechtsbuiten van het Braziliaanse elftal uit de jaren vijftig. Ook hij had de bal, zoals dat heette, aan een touwtje terwijl hij langs de lijn oprukte. Iets dichter bij huis, zowel in tijd als in plaats: René van de Kerkhof. We doen de hond hiermee misschien niet voldoende recht, maar er zat altijd iets blinds en autistisch in de acties van Van de Kerkhof dat je bij dit beestje terugvond.

Ik probeerde enkele malen zijn aandacht te trekken, maar hij negeerde me volledig. Pas toen een jongen van een jaar of vijftien zich verderop uit een groepje spelende kinderen losmaakte en naar hem toe slenterde, gaf hij enige sjoege. Hij benaderde de jongen met de bal om dan plotseling naar links of rechts uit te wijken. Nu nog een goede voorzet, dacht ik, en we kunnen hem zó in het Nederlands elftal opstellen.

Ik vroeg de jongen of hij veel met de hond had geoefend. 'Helemaal niet,' zei hij, 'Max heeft het zichzelf geleerd. Hij kan zoveel met een bal. Ik heb wel gezien dat ie 'm zes, zeven seconden op zijn kop stillegde. En Max is altijd razendsnel geweest. Op een vakantie in Frankrijk haalde hij een rat in. Die rat stierf van de schrok. Eh, van de schrik.'

Hij vertelde me dat Max een jackrussellterriër was. Het zei me niet zoveel, want ik ben geen hondenkenner, maar op internet las ik dat het 'vreesloze, gelukkige, alerte, zelfbewuste, intelligente en levendige jachthonden' zijn. En in aanleg geweldige voetballers, zou ik er graag aan toegevoegd zien.

Murugan

Het tragische leven van een olifant

Murugan leefde niet meer.

's Morgens om zes uur had de dierenarts van Artis hem ter verdoving een spuitje gegeven. Drie uur later liet hij hem voorgoed inslapen.

Murugan werd vijftig jaar. Hij gedroeg zich de laatste tijd als een mens die aan zijn einde is. Chagrijnig, onwillig om zijn medicijnen in te nemen. Hij barstte dan ook van de pijn. Alles aan zijn ooit zo machtige lijf leek in verval. Gewrichtsontstekingen, te veel vocht in de buik, plasproblemen, pootpijn.

Het was hopeloos.

Als er een olifantenhemel is, dan heeft Murugan zijn plekje daarin wel verdiend. Hoe meer ik over zijn leven hoorde, hoe tragischer hij voor me werd.

Murugan werd op 23 januari 1953 op een olifanten-farm in Zuidwest-India geboren. Premier Nehru schonk hem aan de kinderen van de Amsterdamse wijken De Gouden Reaal en de Spaarndammerbuurt, die om een olifantje hadden gevraagd.

Murugan was nog maar één jaar oud toen hij naar Nederland kwam. Een baby'tje. Hij werd de troetel-olifant van Amsterdam. Regelmatig werden er wandelingen met hem door de stad gemaakt. Dan stopte hij zijn slurf in koffiekopjes op terrassen en pikte hij suikerklontjes weg. Kinderen mochten op zijn rug een ritje maken.

Maar geleidelijk werd Murugan nukkiger. Hij begon van alles te slopen op zijn tochtjes, vaak wilde hij niet meer terug naar zijn verblijf. Hij had een vriendelijke inborst, maar hij kon, zoals zo veel mannetjesolifanten, opeens agressief worden, ook tegenover de oppassers. Het was afgelopen met de rondritjes van Murugan.

Murugan had één levensgroot probleem. Hij kon niet neuken, daar kwam het op neer. Hij wist niet hoe het moest, hij had het nooit om zich heen gezien. Ze hadden hem veel te jong naar Nederland gehaald. Die fout maakt men niet meer, olifantjes worden nu pas in de puberteit uit hun omgeving gehaald.

Murugan zat er maar mee. Artis verwachtte van hem dat hij zich zou voortplanten, zijn sperma bevatte genoeg levende cellen. Hij kreeg twee leuke vriendinnetjes met wie hij zijn leven mocht delen: Suseela uit India en Jumbo uit Thailand. Murugan wilde best een goed gesprek met hen beginnen, maar hij had geen idee hoe hij hen nog meer kon plezieren.

Het werd dus niets – tot grote teleurstelling van Artis.

Toen Murugan lag te sterven, heeft men nog wat sperma bij hem afgenomen. Eventueel voor kunstmatige inseminatie. Maar nee, het sperma was al zo dood als een pier.

Als mannetje bleef Murugan tot zijn laatste snik falen.

Op zijn sterfdag liepen Suseela en Jumbo verweduwd rond voor hun verblijf. Hun leven was nog saaier geworden. Ze keerden hun kont naar de bezoekers die nieuwsgierig waren naar hun verdriet. Suseela had Murugan nog overeind proberen te helpen toen hij gestorven was.

De tragiek van Murugan was ook een beetje de hunne. Olifanten zijn sociale dieren, in een grotere groep, met jonkies, genieten ze meer van het leven. Er kwam straks wel een nieuw mannetje, maar voor Suseela en Jumbo was het te laat, ze waren al onvruchtbaar geworden.

Lyme

Het noodlot ligt op de loer

Hoe zou de zee erbij liggen?

Op deze schitterende herfstdag een onweerstaanbare vraag. Met de prikkelende achtergedachte: nu kan het nog. Dus de wandelschoenen aan, de rugzak om en de paden op.

Het station Santpoort-Noord waar ik uitstapte, was doods en verlaten. Een slecht voorteken? De loketten waren onbemand, onkruid schoot overal omhoog. De NS geloofde het verder wel. Wie 's avonds wilde aanranden, of aangerand wilde worden, kon in Santpoort-Noord terecht.

Nog lang niet ontmoedigd betrad ik even later de ingang naar de Kennemerduinen. Op een bord hingen een kaart en briefjes met waardevolle tips. Op een ervan viel een uitgebreide boodschap over de ziekte van Lyme te lezen. Ik had er wel eens iets over gehoord, maar het fijne wist ik er niet van. Aan deze onwetendheid kwam op deze dag abrupt een einde.

De ziekte van Lyme kun je het hele jaar door krijgen en ze wordt veroorzaakt door 'kleine spinnetjes die zich aan de huid van dieren en mensen vastzuigen'. Deze spinnetjes bevinden zich in gras, struiken en bomen, ze bijten zich in je vast en besmetten je kraaiend van plezier met de lymebacterie, genoemd naar het bosrijke, Amerikaanse plaatsje Old Lyme, waar in 1975 een epidemie van gewrichtsaandoeningen uitbrak.

Dat is niet het enige wat je van deze dynamische teekjes kunt krijgen. Er kunnen op langere termijn ook 'aandoeningen van huid, zenuwstelsel en hart optreden'. Het begint met ringvormige huiduitslag en het kan eindigen met een hartaanval – maar dan ben je ook van alles af.

Ik keek alvast omhoog naar de hemel. Hij stond er nog steeds uitnodigend bij, dat moest gezegd. De zon straalde zacht en zinnelijk en er was geen wolkje te bekennen. Toch merkte ik dat er in mijn gemoed een mistbankje was opgedoemd.

Naast me verscheen een echtpaar, gehuld in vlotte wandelkledij, dat dezelfde tekst begon te lezen.

'Had jij daar wel eens van gehoord?' mompelde de man. En hij las monotoon voor: 'Het is verstandig op de paden te blijven, goedsluitende kleding te dragen en thuis het lichaam meteen te controleren op teken.'

'Natuurlijk wel,' zei de vrouw. 'Ik heb een paar jaar geleden bij de apotheek toch zo'n tekenpincet gekocht. Daar kun je ze handig mee verwijderen.'

'Heb je het meegenomen?'

'Ik hoef toch niet aan álles te denken?'

Ik voorzag een voorspelbare, echtelijke dialoog en liep in de richting van de duinen. Het was nog steeds een schitterende herfstdag, maar het was lang niet meer dezelfde dag van die morgen.

Er hing een zekere doem boven de nietige wandelaar. Hij liep daar heerlijk uit te waaien, maar het kon in zekere zin elk moment met hem afgelopen zijn. Met terugwerkende kracht kon alle genot verpest worden, als door een geslachtsziekte na de daad. De zondaar liep zijn val tegemoet.

Vroeger las je nooit zulke sombere boodschappen

aan de ingang van onze natuurparken. Vroeger mocht
je nog genieten.

Ik ging toch maar op weg naar de zee.

Blikje

Een onooglijk hondje als alibi

Aanvankelijk viel de man met het hondje me nauwelijks op. Hij kwam in mijn straatbeeld voor zoals de lantaarnpaal op de hoek. Er was niets bijzonders aan hem te zien. Hij was een keurige, goed geklede man van een jaar of zestig, klein, grijs en altijd in het gezelschap van dat iele, witte hondje.

Zijn gezicht had een lichtpaarse kleur – het eerste aan hem wat me tot speculaties verleidde. Het kwam vermoedelijk doordat de paarsigheid zich in de loop van de jaren verdiepte. Het werd een rijker soort paars, alsof de Grote Schilder die ons dagelijks duchtig onder handen neemt, via Zijn palet een intenser effect wilde bereiken. Was paars ook niet het katholieke symbool van boete?

De kleur zette me ook om een andere reden aan het denken. Heel af en toe liep de man rakelings langs me, een korte, nauwelijks hoorbare groet mompelend. Bij die keren kwam er altijd een zweem dranklucht mee, ook midden op de dag. De eerste keren denk je als voorbijganger nog toegeeflijk: zeker naar een receptie geweest. Misschien hoorde het aflopen van recepties wel bij zijn beroep en was hij een diplomaat, of zoiets. Maar zouden diplomaten hun hondjes niet gewoon thuislaten?

Ik vroeg me ook af waarom hij niets deed om zijn dranklucht te onderdrukken. Ik heb een collega gehad die daarin heel bekwaam was geworden. Helaas nam hij middeltjes die in een bedompte kelderlucht resulteerden, waardoor de stank uiteindelijk nog minder te harden was.

In cafés zag ik de man nooit, wél in een bekende drankwinkel. Vooral 's zomers, als de deur openstond, stond hij hartelijk te lachen tegen de eigenaar. Die lachte altijd minstens zo hartelijk terug, wat ik ook zou doen bij een goede klant.

En altijd was er dat onooglijke hondje, als een levende mascotte. Maar op den duur begon ik te beseffen dat dat hondje mogelijk ook als een alibi voor de man fungeerde. Ik stelde me voor dat hij getrouwd was, en vermoedelijk al enige tijd met pensioen. Hij nam graag een borreltje, maar hij moest oppassen voor zijn vrouw. Cafébezoek was uit den boze, daar hield hij misschien ook helemaal niet van.

Hij was meer een clandestiene drinker, iemand die de drankflessen in de hutkoffer op zolder verbergt. Als hij wilde drinken, smokkelde hij wat drank naar buiten. Tijdens zijn omzwervingen met de hond was er altijd wel een gelegenheid om een slokje te nemen.

Dit was de theorie. Nu de bevestiging nog. Die bleef ontmoedigend lang uit. Toen ik erop begon te letten, zag ik de man vaker dan ooit – maar nooit met drank.

Tot een paar dagen geleden. Ik liep over een bruggetje en zag de man schichtig iets neerzetten in een portiek. Daarna haastte hij zich verder. Toen ik erlangs liep, zag ik dat hij een leeg blikje Heineken had achtergelaten.

Het was een veel te keurige man om zomaar afval in een portiek te dumpen. Hij had even geen andere keus gehad. Hij moest hoognodig terug naar huis.

Waar was trouwens zijn hondje? Ik besefte opeens dat ik het al een tijdje niet meer had gezien. Tragisch. Hij was nu zijn eigen hondje geworden.

Wesp

De ouwe vrijsters zijn het ergst

Het was de zomer van de wesp.

Vakantiegangers in Nederland zullen de nationale wespenplaag nooit meer vergeten. Waar ze ook kwamen, de wesp was er ook, en zij wilde maar één ding: dat de mens opdonderde. Dat deed de mens uiteindelijk ook maar. Want met wespen is het kwaad kersen eten.

Op terrassen in Nederland zagen we in het hoogseizoen regelmatig het volgende beeld. Een wat ouder echtpaar nestelt zich, moegefietst, tevreden op een zonnig terras. Glaasje prik, wijntje, de menukaart. Er verschijnt een onbevangen wespje, maar ach, het zal wel een afgedwaald wespenschaapje zijn. Pa blijft rustig, ma reageert al een tikkeltje nerveus.

Het voorgerecht verschijnt op tafel. Het wespenschaapje krijgt gezelschap van een hele kudde die om de hoofden begint te dreinen. Ma, in snel groeiende paniek, gaat meppen, pa roept nog even: 'Ze doen niks' en 'Daar maak je het alleen maar erger mee'. Maar het volgende moment is ook hij ziedend opgestaan om erop los te ranselen met alles wat in zijn bereik ligt.

De oorlog is een feit. Eerst voelt pa zich een Bush die in Irak het pleit denkt te hebben beslecht. Geen wesp meer te zien, hèhè, kunnen we op ons gemak een hapje eten. Maar dan komen de wespen terug, in golven. De zelfmoordterroristen gaan voorop, gevolgd door vrouwen en desnoods kinderen. Het echtpaar vlucht van het terras, met medeneming van de borden waarop zich nog net een wesp tussen de tournedos en de ananas heeft genesteld.

Wespen pesten graag. Kenners hebben me uitgelegd hoe dat komt. Pestende wespen zijn vaak de zogeheten werksters, onvruchtbare vrouwtjes, die een poosje voor de koningin het nest en de eieren hebben verzorgd. Deze werksters, een soort ouwe vrijsters dus eigenlijk, beginnen zich te vervelen als ze niets meer te doen hebben en gaan dan rond onze hoofden de hangjongere spelen.

De wesp wint altijd.

Deze zomer zocht een Duitse vrachtwagenchauffeur ruzie met een wesp in zijn cabine. Hij belandde tegen de vangrail, zijn wagen kantelde en de lading kwam op het wegdek terecht. Die bestond, omdat God nu eenmaal vaak gewoon een klerelijer is, uit *jam*. De politie is nog uren bezig geweest om de duizenden wespen die er onmiddellijk op afkwamen, in de boeien te slaan. (De meeste wespen ontsnapten later op het bureau via het wc-raampje.)

Voor het eerst zijn er nu ook wespen gesignaleerd bij de Inuit, eskimo's in Canada. De burgemeester van het dorpje Arctic Bay, ver boven de poolcirkel, heeft ze zelf ontdekt. In de eskimotaal bestond het woord wesp nog niet, maar ik raad de Inuitjes aan snel op zoek te gaan naar een adequaat woord. Ze zullen het nog vaak nodig hebben.

Wij zagen tv-beelden van Ronald Koeman, die in Den Haag een dramatische persconferentie gaf over die vreselijke spreekkoren van de supporters. 'Maar we zijn toch verrot in Nederland, of niet?' verzuchtte Koeman.

Toen begon hij nijdig om zich heen te slaan. Er zoemde een wesp hardnekkig rond zijn hoofd, alsof ze wilde zeggen: 'Zie je wel, er is heus niet alleen aan mij een steekje los.'

Kuiken

Een man doet zijn plicht

Het gezin Meerkoet is een lust voor het oog. Maar soms ook een last.

Het gezin bestaat nu nog uit vader, moeder en twee kindertjes. Ze huizen in een grotendeels verzonken bootje in de smalle gracht bij mijn huis. Op een chaotische stapel viezig afval houdt moeder haar kroost onder de vleugels, terwijl vader in de nabijheid de kost verdient. In de vrije uren trekken ze er gezamenlijk op uit, een pril gezin waarvan de kinderen leren fietsen.

Soms durf ik nauwelijks naar ze te kijken. Dan komt er zo'n grote, patserige boot aangedenderd, terwijl een van de kuikens net op dat moment wil oversteken. Je zou in afgrijzen willen schreeuwen, maar je weet dat het toch niet meer helpt.

Toch zijn er momenten waarop je wel degelijk tot actie moet overgaan. Dat gebeurde al meteen de eerste keer dat ik het gezin in het vizier kreeg.

Ik stond voor het raam te telefoneren en zag de ouders met één kuiken voorbij zwemmen. Het kuiken sprong opeens in de plooi van een plastic zeil dat over een onbeheerd motorbootje lag. Dit deel van het zeil hing half in het water. Er bleken zich nóg twee kuikens in de plooi te bevinden, ongetwijfeld familie. De ouders zwommen achteloos door, op zoek naar voedsel voor die drie snaveltjes.

Opeens verscheen een jong mensenpaar met een

kind aan de kade. Ze stapten plomp in de boot die daardoor enigszins kantelde. De plooi in het zeil met de kuikens schoot omhoog, waardoor ze te hoog boven het water kwamen te hangen. Wat nu?

De mensen hadden niets in de gaten, maar ík wel. Een van de kuikens keek over de rand en dacht: het is hoog, maar het moet maar. Het sprong dapper over de rand, duikelde in het water en zwom weg. Een tweede kuiken volgde.

Maar het derde kuiken durfde niet. Sommige kuikens durven nu eenmaal meer dan andere kuikens. Dit kuiken bleef angstig over de rand kijken, terwijl alle familieleden onbekommerd steeds verder wegzwommen.

Op de boot begon de man aan het zeil te sjorren. Met een zeldzaam vooruitziende blik voorzag ik het volgende drama: de man zou het zeil optillen en langzaam met wurgende zorgvuldigheid dichtvouwen – mét kuiken. Ik staakte mijn telefoongesprek en rende naar buiten. Een man moet zijn plicht doen.

De man op de boot keek me hulpeloos aan. Hij had het zeil al gedeeltelijk opgevouwen en hield een piepend kuiken naar me omhoog. 'Wat moet ik nou doen?' vroeg hij. 'Wij konden deze boot voor een dagje lenen – en nu dit.'

'Ga gauw naar de familie, die moet daar ergens zijn,' zei ik, terwijl ik in de verte wees.

Hij rende alsof de dood hem op de hielen zat, wat in zekere zin ook zo was. Even verderop knielde hij op de kaderand neer en liet het kuiken voorzichtig bij zijn familie in het water zakken. We slaakten allemaal een zucht van verlichting. Het was volbracht.

Maar toen.

Twee dagen later stond ik vanaf de brug naar hetzelfde gezin te kijken. Opeens drong het tot me door dat er nog maar twee kuikens over waren. Het derde was spoorloos verdwenen. Wedden dat het hetzelfde kuiken was?

Zielenpoot

De angst voor het lege poepzakje

Uit het grachtenhuis maakte zich een nogal vormloze vrouw in een dure winterjas los. Aan haar rechterhand voerde ze een grote, zwartharige hond mee die slap op zijn dunnige poten stond. De hond liet zich gedwee naar een vierkant plantenperkje rond een iep aan de gracht leiden. Daar duwde de vrouw hem op zijn achterwerk omlaag, terwijl ze een bruin zakje uit haar jas haalde.

Het was zo'n ritueel tafereeltje dat je bijna gedachteloos ziet gebeuren als je, zoals ik, 's morgens een kop koffie zit te drinken achter het raam van een café, terwijl je de ochtendkrant doorneemt. Af en toe dwaalt je blik naar buiten en pas na een minuut of vijf denk je: verrek, ze staat er nog steeds.

Ook de hond stond er nog steeds. Dat wil zeggen, soms ging hij even zitten, soms drentelde hij nerveus op en neer. Daarbij keek hij af en toe weifelend omhoog naar zijn bazin, alsof hij wilde vragen: 'Wat is nou eigenlijk de bedoeling?'

Op zulke momenten trok de vrouw de hond weer naar zich toe en drukte hem met zijn achterlichaam stevig op de grond.

Aan haar lichaamstaal was duidelijk te zien dat ze zich steeds slechter op haar gemak voelde. Wij kennen dit probleem. Je bent in een situatie beland waarin je je lichtelijk overbodig voelt. Het kan op een feestje zijn waar je niemand kent, op een nudistenstrand waar je per ongeluk verzeild raakte, of op een begrafenis van iemand aan wie je eigenlijk een hekel had.

Je staat erbij en kijkt ernaar en je vraagt je inwendig steeds luider af óf en wannéér je door de mand zult vallen.

De vrouw-met-de-hond had het stadium bereikt waarin ze besefte dat ze langzaam maar zeker belachelijk begon te worden. Ze stond daar maar langs die chique gracht met een hond die niet kon kakken. Ik zou het eleganter kunnen formuleren, maar dat zou de netelige situatie van de vrouw alleen maar verdoezelen.

Want onderschat het vooral niet: een mens wil waardig leven en sterven, de gedachte is hem een gruwel dat hij op het netvlies van anderen blijft hangen als een schlemiel met een leeg poepzakje.

De vrouw begon aan haar onzichtbare toeschouwers begrip te vragen voor haar situatie. Er restte haar weinig anders. Ze plantte de handen ongeduldig in de zij en riep iets tegen de hond. Vervolgens keek ze omhoog naar de huizenrijen om haar heen met een pseudogeamuseerde blik die ons moest vermurwen.

Maar wij lachten niet terug, integendeel, wij gaven haar met ons zwijgen het nijpende gevoel dat ze nu eindelijk eens moest opdonderen met die geconstipeerde zielenpoot, omdat we het een nogal onsmakelijke bedoening begonnen te vinden.

Plotseling stopte naast de vrouw een auto, die voorzichtig langs de waterkant probeerde in te parkeren. Daarmee was haar strijd, en die van de hond, hopeloos geworden. Wie van ons wel eens zijn behoefte heeft proberen te doen naast een inparkerende auto, zal het begrijpen.

De vrouw keerde zich bruusk om en sleurde de hond het huis binnen. Hoe vaak nog?

Het is een lastige kwaal, maar je kunt er oud mee worden.

Grizzly Man

De natuur houdt niet van de mens

Was hij een gek of een naïeveling, een dierenvriend of een egomaniak, of was hij het allemaal tegelijk?

Timothy Treadwell laat je niet meer los als je hem eenmaal gezien hebt in de indrukwekkende filmdocumentaire *Grizzly Man* van Werner Herzog. Treadwell is de dierenactivist die, samen met een vriendin, na jarenlange omgang met beren in Alaska plotseling door een van de beren gedood wordt. Herzog kon een fascinerend portret van hem samenstellen dankzij het vele beeld- en geluidsmateriaal dat Treadwell in Alaska had opgenomen.

Adembenemende beelden vaak: Treadwell van dichtbij pratend en kirrend tegen de beren, soms enkele meters voor ze uit lopend, enkele keren ze zelfs aanrakend.

In NRC *Handelsblad* zei een collega-berenkenner, de Belg Rudy De Bock, dat Treadwell door Herzog te veel wordt afgeschilderd als 'een obsessieve, manische kerel die alles doet om zijn krankzinnige droom om met grizzly's samen te wonen (…) te realiseren'.

Dat is een nogal onrechtvaardig verwijt aan Herzog, die de beelden en teksten van Treadwell zoveel mogelijk voor zichzelf laat spreken. Enige hysterie, mild uitgedrukt, lijkt Treadwell inderdaad niet vreemd; neem bijvoorbeeld de manier waarop hij op zeker moment in de poep van een van de beren grijpt, extatisch roepend: 'Dit zat in haar, in mijn meisje.'

Treadwell hád nu eenmaal die obsessie dat hij één wilde worden met 'zijn' beren – hier laat zich zijn bijna mystieke streven naar de volmaakte harmonie met de natuur vermoeden.

Op internet las ik een brief die Treadwell drie weken voor zijn dood aan een van zijn financiële supporters schreef: 'My transformation complete – a fully accepted wild animal – brother to those bears. I run free among them – with absolute love and respect for the animals.'

Zegt Treadwell hier niet zelf wat nog zijn enige levensdoel was? Sterker nog, hij dacht het al bereikt te hebben. Hij had alleen buiten de natuur gerekend, die het na dertien jaar tijd vond om zijn naïeve hoogmoed voor eens en altijd af te straffen.

Hij hield van de natuur, maar de natuur niet van hem.

Maakt zijn mystieke aspiratie hem minder diervriendelijk? Voor mij niet, en ik geloof ook voor Herzog niet. De ontroerendste beelden zijn die waarop Treadwell zijn lievelingsvos Timmy vertroetelt – daar zie je hoe hartstochtelijk veel hij van dieren gehouden moet hebben.

Kijkend naar Treadwell had ik vaak last van een merkwaardige associatie: hij deed me aan Boudewijn Büch denken. Het exhibitionistische praten tegen de camera, de kinderlijke exaltatie over bepaalde vondsten, de eenzaamheid die door al die expedities heen schemert. Net als Büch was Treadwell soms een fantast die zijn leven mythologiseerde: hij verzon als Amerikaan een complete Australische afkomst.

Beiden waren verbitterd, hun leven was op een desillusie uitgelopen. Ze putten vooral troost uit datgene

waarvoor ze de medemens zo min mogelijk nodig hadden: dieren (Treadwell) en voorwerpen (Büch).

Grote dingen

Verdriet om een verdwijning

Het was vroeg in de middag. Ik had gestemd en liep uit het bureau weg met dat lichte gevoel van tevredenheid van iemand die zijn steentje aan het landsbelang heeft bijgedragen. Er gingen vandaag grote dingen gebeuren. Ze konden tegenvallen, ze konden meevallen, maar we zouden vanavond in ieder geval weten 'waar we aan toe waren'. Daarna konden we weer moedig voorwaarts gaan, of achterwaarts.

Op de Oranjebrug over de Brouwersgracht in de Jordaan zag ik een wit aanplakbiljet met deze tekst hangen: 'Hond kwijt. Luistert naar de naam Elsa. Brouwersgracht 915. Bruin. Ziet eruit als een leeuw. Half hoog. Erg lief maar erg dom. (Wel slim genoeg om de deur open te doen toen we naar de tandarts waren.) 06 41295682.'

Over grote dingen gesproken. Meteen zag ik het hele drama voor me. Stel dat ik nu thuiskwam en mijn kat was ervandoor, omdat ik vergeten was het keukenraampje af te sluiten. Onder mij strekte die stenen doolhof van huizen en muurtjes zich uit waar katten regelmatig het spoor bijster raken. Straks kwam mijn vrouw thuis. 'Waar is de kat?' 'De kat... hoezo?'

Op zulke momenten verdwijnen Wouter Bos, Jan Peter Balkenende en zeker Marco Pastors volledig achter de horizon. Je bent alleen nog maar een dodelijk ongeruste katten- of hondenvriend. Ik zag de eigenaar van

Elsa door Amsterdam hollen en fietsen, af en toe sprak hij iemand aan met de radeloosheid van de wanhoop: 'Heeft u misschien…' Hij stuitte op veel begrip en medelijden – maar niet op Elsa.

Elsa was ervandoor, en ze had geen benul waar ze was en hoe ze moest terugkomen. Ze was nu in een buurt waarin ze geen mens en geen straatsteen meer herkende. En niemand leek zich iets van haar aan te trekken. Ze zag steeds maar mensen onbestemde lokaaltjes binnengaan waar ze iets onduidelijks deden. Daarna kwamen ze opgelucht buiten, liepen om haar ('een leeuw') heen en vervolgden hun weg.

Ook 's avonds kon ik Elsa niet goed uit mijn hoofd zetten, hoewel de grote dingen zich op de televisie voorspoedig ontwikkelden. In Barcelona stond die arrogante José Mourinho, coach van Chelsea, op het punt zijn wedstrijd te verliezen. In Rotterdam moest politicus Marco Pastors, zeg maar de Mourinho van de Maas, nog veel dieper in het stof van de nederlaag bijten. Zou het nu eindelijk afgelopen zijn met dat islamofobe spierballenvertoon, of zou het alleen maar erger worden?

Maar opeens was daar weer die vraag die alle andere blokkeerde: zou Elsa al gevonden zijn? Ik zocht het nummer op en belde. Een zekere meneer De Boer nam op, hij klonk nog bedroefder dan ik had verwacht. Nee, Elsa was nergens te bekennen. En het ergste was: het was niet zíjn hond, maar die van zijn moeder. Elsa logeerde bij hem, terwijl zijn moeder het graf van haar vader in Indonesië bezocht. Ze woonde in Driehuis bij Velsen, misschien was Elsa wel op zoek naar haar huis. Hoe moest hij dit in godsnaam aan zijn moeder vertellen?

De volgende dag belde hij me terug, ontroostbaar. Elsa was enkele kilometers verderop dood aangetroffen, vermoedelijk aangereden door een auto.

Schapenboet

Waarin Texel groot is

Wij maken graag originele foto's op onze vakantie, dus toen we in het Texelse dorpje Den Hoorn logeerden, slaakten we een zucht van verrukking bij het zien van het hervormde kerkje. Elke keer als we ons hotel aan de achterkant verlieten, zagen we het liggen, dat slanke witte torentje dat zo elegant zijn donkere spits boven de weilanden verheft. Camera!

Drie foto's, het viel achteraf nog mee, en bovendien zéér geslaagd. Jammer alleen dat ik bij thuiskomst moest vernemen dat dit vermoedelijk 'het meest gefotografeerde kerkje van Nederland' is. Wie durft dan nog zijn vakantiefoto's aan iemand te laten zien? (Niemand moet trouwens ooit nog zijn vakantiefoto's laten zien.)

Maar gelukkig heb ik de schapenboet nog – die doet niemand me na. Eerlijk gezegd wist ik niet wat een schapenboet was voordat ik er een op een schilderij zag. Ze zouden alleen op Texel voorkomen, werd me daar verzekerd, maar ik durf er geen al te zwaar vergif op in te nemen. Straks krijg ik een verdrietig mailtje van een lezeres uit Tzummarum: 'Maar heeft u dan nooit van de schapenboet bij Tzummarum gehoord? En dat voor een columnist in een kwaliteitskrant!'

Toen ik er eenmaal op ging letten, zag ik op Texel meer schapenboeten. Oude en verweerde, gerestaureerde, hoge en lagere. Het zijn een beetje eenzame bouwsels, vooral als het waait en regent boven het weiland waarop ze staan. Voor mij als stadsmens waren het gewoon schuren, zoals meeuwen gewoon meeuwen zijn.

Mijn inzicht in de schapenboet werd pas verdiept door een bezoek aan kunstgalerie Melk aan de Herenstraat in Den Hoorn. Dat is het aardigste, en daarom vermoedelijk eveneens meest gefotografeerde dorpsstraatje van Nederland. Smal, stil, oude huisjes. De bewoners komen alleen buiten om proviand in te slaan, daarna zie je ze niet meer. 's Avonds kun je er een kanon afschieten, maar het wordt niet op prijs gesteld.

We gingen de kunstgalerie binnen om een paar ansichtkaarten te kopen, liefst van het hervormde kerkje natuurlijk. Ik scharrelde wat door de winkel en zag opeens een mooi, sober schilderijtje staan. Weilanden met verschillende soorten groen lagen tegen een horizon waarop een hoge, bruine schuur iets opzij leunde. Als je wat verder achteruit ging staan, leek het ook op een schip, worstelend op zee. Dit was Texel, dat zag je met één oogopslag. En dit was goed gedaan, zei de volgende oogopslag.

'Dat schilderij met die schuur...' zei ik.

'Dat is nou een schapenboet,' zei de galeriehoudster.

We lieten ons uitleggen dat de schapenboet een typisch Texelse schuur is voor de opslag van hooi, voer en werktuigen. Het zijn geen schaapskooien, want de schapen komen nooit ín de boet, ze zoeken er alleen beschutting tegen de wind of verkoeling in de schaduw.

Wij keken nog eens goed naar het schilderij, vervolgens naar elkaar en toen wisten we genoeg: dit stukje Texel wilden we graag onder de arm meenemen. Even later stonden we in het atelier van de schilderes, Souwie

Duinker. Uit allerlei hoeken en gaten toverde ze de aardigste schilderijen, maar diep in ons hart wisten we toen al: zonder boet gingen we niet naar huis.

Broodje

Tussen zalm en mus

In een grand café in Rotterdam probeerde ik een broodje zalm te eten.

Zo had ik het ook besteld: 'Broodje zalm.'

Ik had het nogal verstrooid gezegd, terwijl ik de krant zat te lezen. Doorgaans krijg je dan in een béétje hedendaagse zaak de vermoeiende keus voorgelegd tussen bruin, wit, volkoren, meergranen, waldkorn, ciabatta, pistolet en Italiaanse bol. Deze serveerster vroeg niks en spoedde zich weg, nog voordat het tot me was doorgedrongen welk groot risico me vanaf dat moment bedreigde.

Een kwartiertje later lag het risico op mijn bord. Het had inderdaad kleiner gekund. Het was een hoog, vierkant, roodbruinig gevaarte dat bij nader onderzoek bleek te bestaan uit twee helften korstachtig brood, waartussen op een zompige grasmat een royale hoeveelheid zalm was gesmeten.

Met één oogopslag zag ik dat het ondoenlijk was dit fenomeen in deze gedaante te verorberen. Het was bittere noodzaak de helften voorgoed van elkaar te scheiden. Ik klapte het zaakje open en legde één helft, waaraan enkele zielige schijfjes komkommer kleefden, terzijde – dat was van later zorg. Toen lag er nog maar één korstlaag met de begeerde zalm op me te wachten.

Moest ik eerst die onappetijtelijke grasmat verwijderen? Eigenlijk wel, maar ik zag zozeer tegen deze operatie op (zalm opzij leggen, grasmat ernaast, zalm weer terug) dat ik besloot ervan af te zien. Brutaalweg zette ik mes en vork in korst en beleg en begon te snijden, beitelen, hakken en klieven. Ik moest mijn volle concentratie op het bord gericht houden, want de slapstick lag voortdurend op de loer: bord vliegt van tafel, bestek klettert erachteraan et cetera.

Het enige resultaat was dat ik na enkele minuten een veel te grote hap korst, als het ware een stuk aardschors veroverd op de barre natuur, in mijn mond moest duwen. Dat lukte, maar niet zonder gezichtsverlies.

Men moet zich voorstellen dat mijn tafeltje midden in de zaak stond en dat de andere klanten vanaf de zijkanten een vorstelijk uitzicht hadden op mijn worsteling. Mijn mond was al bij die eerste hap zó vol, dat er een stukje zalm naar buiten bleef steken terwijl ik kauwde.

Ik nam een drastische beslissing: bestek weg, handen aan de ploeg en proppen en kauwen maar. Terwijl ik daarmee bezig was, kwamen er weemoedige herinneringen boven aan sobere, tochtige broodjeszaken en hun altijd behapbare, soms ook best smakelijke witte broodjes, belegd met kaas, tartaar of 'ros', binnen vijf minuten opgediend, opgegeten en afgerekend.

Toen was er, goddank, opeens die mus. Hij kwam roekeloos de zaak binnen gevlogen en leidde zo de aandacht van mijn situatie af. Het personeel rende roepend met kartonnen dozen achter hem aan, maar het was een handige mus en hij hield van het leven. Met welgevallen zag ik toe hoe men hem slechts met de grootste moeite kon verjagen.

'Wat was dit?' vroeg ik de serveerster, wijzend op mijn bord, toen alles achter de rug was.

'Zalm op een pancetto,' zei ze.

De dagen erna heb ik naspeuringen gedaan naar die 'pancetto'. Wat was het precies? Niemand kon me helpen. Geen woordenboek, geen Italiaan. Maar het bestaat, dat weet ik zeker. In Rotterdam nog wel.

Vliegjes

Paniek in een apotheek

Bij de apotheker stond ik wat weg te dromen aan de toonbank, terwijl een assistent met mijn recept op zoek ging naar het voorgeschreven geneesmiddel. Mijn lot was nu even helemaal in zijn handen.

Merkwaardig idee. Zou hij het wel eens als een druk voelen – dat risico dat de volgende dag iemand huilend en brakend op de stoep stond, omdat hij het verkeerde middel had geslikt? Of zou hij dan cynisch denken: er gebeuren wel ernstiger ongelukken in de medische wereld van Nederland, 1735 doden per jaar, waar hebben we het over?

Intussen was een vrouw van een jaar of zestig de winkel binnengestapt. Ze had onmiskenbaar stijl, zoals ze daar met rechte rug stond in een grijs, linnen jasje boven een donkere broek en om haar hals een sjaal, waarin de kleuren van haar kleren onnadrukkelijk terugkeerden. Haar grijze haar hing goed geknipt tot op de schouders.

Ze aarzelde even en zei toen in zeer beschaafd Nederlands tegen een tweede assistent achter de toonbank: 'Ik wilde u wat vragen. Ik heb de laatste dagen allemaal van die rare vliegjes in mijn haar. Wat denkt u? Kunnen dat luizen zijn?'

Ze haalde een plastic zakje tevoorschijn, waarin een dot watten zat, en maakte aanstalten het te overhandigen. Als ze een door Bin Laden persoonlijk vervaardigde clusterbom over de toonbank had geworpen, zouden de gevolgen niet veel anders zijn geweest.

De assistent, een jonge man die nog nooit veel reden had gehad om voor zijn leven te vrezen, deinsde achteruit. 'Dat mag u bij u houden,' zei hij streng. Hij bleef staan waar hij stond, een flinke meter achter de toonbank.

Ook ik had onwillekeurig een stapje opzij gedaan. De vrouw dreigde daardoor in een toestand van quarantaine te raken, alsof ze op het punt stond ons met de verschrikkelijkste virussen te besmetten. Overdreven misschien, maar had u dat zakje dan wél aangenomen?

'Weet u hoe luizen eruitzien?' vroeg de vrouw.

'Nee,' zei de assistent.

Ik ook niet precies, dacht ik, wat wereldvreemd eigenlijk.

'U wilt echt niet even kijken?'

'Ik zou het niet doen,' adviseerde de andere assistent zijn collega, terwijl hij met mijn geneesmiddel naar de toonbank terugliep.

De vrouw borg het zakje op. 'Ik begrijp het,' zei ze zacht.

'Bent u al bij de huisarts geweest?' vroeg de jonge assistent.

'Ik heb 'm gebeld, maar hij had weinig tijd.'

'Ik zal kijken of ik iets voor u heb,' zei de assistent.

Ik keek tersluiks naar het grijze haar van de vrouw. Was dit onberispelijke kapsel een haard van ongedierte geworden? En hoe? Waren ze misschien via haar kleinkinderen op haar overgesprongen? Op scholen waarden veel luizen rond, dat was bekend.

Nog dagen later, als ik een vlaagje jeuk op mijn hoofd wegkrabde, moest ik aan de mevrouw en haar plastic zakje denken. Op je zestigste heb je, na een goed en schoon leven, opeens luizen. Heer, waar is dat nou weer voor nodig?

Bedelen

De zwerfhonden van Napels

Bedelarij door kinderen komt in een stad als Napels regelmatig voor. Opeens, uit het niets, duikt in de trein een kind van een jaar of zes, zeven voor je op, schuddend met een bekertje, vragende ogen. Wat doe je?

Kinderen hoor je eigenlijk altijd iets te geven, is mijn credo, maar toch voel ik me enigszins gebruikt als ik bij de volgende halte een welgedane moeder zie uitstappen met het kind dat ze net op me heeft afgestuurd terwijl zij, verdekt op een afstandje opgesteld, stond toe te kijken.

Dát was niet de bedoeling, nee, maar wat had je dan gedacht? Dat al die kindertjes helemaal alleen op de wereld hun kostje bij elkaar moeten scharrelen? Dat is meer iets voor ouderwetse kinderboeken.

Trouwens, de volgende keer ga je toch weer door de knieën als een klein, zwart meisje met zo'n voorgebonden kinderaccordeonnetje twee maten van 'O sole mio' begint te spelen.

Veel machtelozer nog voel ik me bij een ander type bedelaar, een dat niet eens als zodanig bekendstaat: de zwerfhond. Wat de zwerfkat is voor Rome, is de zwerfhond voor Napels. De eerste dagen vallen ze je niet zo op. Die hond die daar in dat straatje steeds op en neer loopt, kan even zijn huis niet binnen. Dat komt wel goed. Maar de volgende dag zie je dezelfde hond er wéér rondlopen, als hij al niet zomaar ergens op een stoep ligt te slapen.

Slapende honden.

Je zou ze willen wakker maken, aanlijnen en naar het hotel meenemen. De volgende dag naar de dierenarts, een paar injecties en hup mee het vliegtuig in naar Nederland. Misschien iets voor een nieuwerwets kinderboek?

Als je erop gaat letten, zie je ze overal, de slapende honden. Volkomen uitgeteld liggen ze ergens langs de straat op hun zij, terwijl het verkeer voorbijraast. Vaak liggen ze bij elkaar in de buurt, alsof ze dat wat meer veiligheid geeft.

Het leven van een zwerfhond moet, vooral psychisch, nog uitputtender zijn dan dat van de zwerfmens. De zwerfmens heeft zich erbij neergelegd dat hij nergens bij hoort, voor hem is de wereld alleen nog maar een bar oord waarin hij moet overleven. De zwerfhond is van nature een optimist, hij blijft zo lang mogelijk op zoek naar een goed mens. Soms zie je hem een poosje oplopen met een voorbijganger, alsof hij wil suggereren: wij zouden eigenlijk best een leuk stel zijn. De illusie duurt nooit langer dan dertig, veertig meter. Dan moet de zwerfhond weer op zoek naar een andere illusie.

Dat is de zwerfhond die om aandacht bedelt. De meeste zwerfhonden bedelen gewoon om voedsel. Een hond die erg veel honger had, zat een oud vrouwtje tot in de slagerij achterna. 'Mangiare!' zei ze tegen mij met grote, angstige ogen.

De aardigste zwerfhond was de hond die een zeer plechtige ceremonie van hooggeplaatste politiefunctionarissen bij het koninklijk paleis van Capodimonte verstoorde. De heren stonden elkaar allemaal glinsterende decoraties op te spelden, toen een zwarte poedel onverschillig het binnenplein overstak. Hij wandelde wat om de hoogwaardigheidsbekleders heen, schudde zich eens goed uit en kuierde toen weer door. Er was niemand waar hij bij wilde horen.

Zwaan

Geen multicultureel drama

Op een mooie dag liep ik naar het einde van de Silo-dam, een strekdam in het IJ, twee kilometer ten westen van het Centraal Station van Amsterdam. Er staan enkele hoge flats met een adembenemend uitzicht over het water. Ik stond op de begane grond mee te genieten met de bewoners, toen mijn oog op een groep zwanen viel. Ze dobberden op het water tussen een eilandje en het laatste flatgebouw.

Het was een vredig tafereel – de stilte, de deinende zwanen, sudderend in de zon, de sleepboot Antje 7 die geruisloos binnengleed. Toch was er iets wat niet helemaal klopte, een kleine, maar niet onbelangrijke dissonant. Een zwarte zwaan. De enige. Zij bewoog zich schuchter te midden van een stuk of vijftien witte zwanen. Een vreemde zwaan in de bijt. Ik noemde haar meteen een 'zij', misschien ten onrechte, maar ze was zó veel bevalliger dan de haar omringende knobbelzwanen.

Ik kon mijn ogen niet van haar afhouden. De ingetogen gratie, de verzonkenheid in zichzelf – prachtig. Hopelijk begreep zij mijn belangstelling. Zij zou toch ook nieuwsgierig zijn geworden als ze aan wal een café was binnengestapt en daar een gezelschap knobbelige, donkere zeelieden met één blonde schone had aangetroffen?

De zwarte zwaan hield zich nogal in de periferie van

de groep op. Ze zonderde zich niet af, maar ze was evenmin het middelpunt. De andere zwanen gedroegen zich welwillend tegenover haar, al hielden ze haar tegelijkertijd goed in de gaten. Altijd bewogen zich zo'n zes, zeven zwanen bij haar in de buurt, geen echt kordon vormend, meer een informele raad van toezicht.

Verder ging iedereen zijn gang. Een handstandje (snavelstandje eigenlijk) in het water, een dutje met de kop in de veren en, vooral, veel glijdend verpozen. Zonnetje erboven, heerlijk, ik wil zwaan worden in een volgend leven.

De daaropvolgende weken kwam ik enkele keren op deze plek terug. En steeds was daar datzelfde tafereel: een grote groep witte zwanen en die ene zwarte. Bij gebrek aan vogelkennis begon ik te fantaseren. Zou die zwarte zwaan een verdoolde eenling zijn, nauwelijks geaccepteerd door de witte zwanen? Ging ze haar ondergang tegemoet, omdat de witte zwanen een multicultureel drama vreesden en begonnen te mopperen? ('Ze heeft een eigenaardig luchtje, misschien is ze wel zwart omdat ze zich niet goed wast.')

Hoe ging dat aflopen?

Ik benaderde deskundigen. Maak je geen zorgen, dit is niet uniek, zeiden ze. Meestal heeft zo'n zwarte zwaan wel een soortgenoot bij zich, maar in haar eentje redt ze zich ook wel. De witte zwanen accepteren haar, al zijn het heel verschillende soorten – de zwarte zwaan is een siervogel, afkomstig uit Australië. Het kleurverschil is niet belangrijk voor ze, ze herkennen elkaar aan de vorm en ze weten dat het goed is om bij elkaar in de buurt te zijn, in tijden van gevaar en bij het zoeken van voedsel. Dit moeten jonge zwanen zijn, nog niet broedend, een leuke vrijgezellenclub met een mooi leven.

Paren de witte ook met die zwarte, wilde ik natuurlijk als oversekst mens graag weten. Eén deskundige aarzelde, een andere zei met klem: 'Geen denken aan.'

Vandaar die vredigheid, denk ik achteraf.

Ruiters

Waar het in het leven vooral om gaat

De schaarse keren dat ik voorbij de Hollandsche Manege kom, kan ik het nooit laten er even binnen te lopen. Het is de oudste (1882) paardrijschool van Nederland, gevestigd in een monumentaal negentiende-eeuws pand aan de Vondelstraat, vlak bij het Vondelpark, in Amsterdam. De voorgevel is nog tamelijk onopvallend – een huis in een rij – maar daarachter ga je een andere, vooral oudere, wereld binnen van scherpe paardengeuren en stille ruiters in opperste concentratie. Dit alles onder een dak dat van de buitenwereld alleen het zonlicht gedempt toelaat.

Op deze zondagmiddag worden meisjes van een jaar of vijftien met hun paard onderworpen aan landelijke dressuurproeven. De ruiter kan promotiepunten halen die recht geven op een diploma, vergelijkbaar met het nationale zwemdiploma.

De ruiters komen op hun paard via twee klapdeurtjes aan de zijkant de manege binnen, moeten even stilstaan om een korte groet (hoofd omlaag) te brengen en beginnen dan aan de proef. Deze wordt afgenomen door een vrouw in een rood vest, die met een hoge, dwingende stem de holle ruimte doorklieft. Ze dreunt van papier een reeks opdrachten op, die ik voor het eerst van mijn leven hoor.

'Tussen c en r arbeidsgalop rechts aanspringen!'

'hk gebroken lijn vijf meter doorzitten!'

'BE halve grote volte, voor de E doorzitten!'

'Tussen M en C arbeidsdraf, van hand veranderen, de teugels op maat maken!'

'A afwenden, arbeidsdraf stilstand, halt houden, groeten!'

Die letters, merk ik, corresponderen met letters op de wanden van de manege, het zijn de vlakken waarin de vloer is opgedeeld. Wat opvalt is de stoïcijnse rust waarmee de meisjes de oefeningen doen, hun gezicht blijft strak en onbewogen en vertoont hooguit een blosje van onderdrukte spanning.

Zelf zou ik zeer nerveus worden van de strenge stem van de vrouw in het rode vest. Als de oefening voorbij is, is zij de eerste die applaudisseert, overdreven hard, als om het goede voorbeeld te geven. Waarom zijn er trouwens zo weinig toeschouwers? Op de tribune naast de bar boven de manege zitten maar enkele mensen te kijken. Waar zijn de ouders, de broers en zusjes? Misschien ben ik te veel gewend aan de opwinding rond voetbalvelden met jeugdige spelertjes.

Onder aan de trap naar de tribune staan een meisje en twee jongens.

'Het is een kutdag,' zegt het meisje.

'Ja, het is kut,' zegt een van de jongens. Hij kijkt naar de andere jongen. 'Waarom heb jij je gewone kleren aan? Mogen de mensen niet weten dat je paardrijdt?'

De jongen lacht en mompelt wat.

'Je bent zeker bang dat ze je een mietje noemen,' zegt de ander. 'Weet je wat het is? Door die rijbroek komt je hele zaakje nogal hoog te zitten. Bij wielrenners zie je dat ook.'

'Kan het daar wat stiller zijn?' roept de vrouw in het rode vest, 'we zijn hier bezig.'

De kleine tribune heeft een met een rood gordijn af-geschermd hoekje. Daar zetelt de jury. Hier worden de promotiepunten uitgedeeld, want daar gaat het in het leven toch vooral om, zelfs in onze vrije tijd: promotie-punten.

Lola

De raaf die niet vloog

Een van de schrijnendste, autobiografische verhalen die ik ooit over dieren gelezen heb, is van Truman Capote. Het heet 'Lola', hij schreef het in 1964 en het is ten onrechte onbekend gebleven. Het is zo hartverscheurend als De Maupassants verhaal 'Coco' over een mishandeld paardje en Koolhaas' novelle *De hond in het lege huis* over een ingesloten hond.

Capote had meer met honden dan met katten. Toen zijn bulldog Bunky onverwacht aan leukemie overleed, schreef Capote aan vrienden: 'Ik had hem acht jaar en ik hield meer van hem dan van wat dan ook op de wereld. Het was alsof ik een kind verloor, ik heb gehuild tot ik niet meer kon.'

Maar Lola was een raaf, geen hond. Hij had de jonge vogel als kerstcadeau gekregen van zijn dienstmeisje Graziella, toen hij in 1952 op Sicilië verbleef. Graziella had haar in een ravijn gevonden en dacht er Capote een groot plezier mee te doen. Capote wilde het dier veel liever laten uitvliegen, maar dat kon voorlopig niet, want Graziella had de vleugels gekort. 'Raven zijn erg pienter,' zei Graziella, 'pienterder dan papegaaien. Of paarden. Als we de tong splijten, kunnen we haar leren praten.'

Capote wilde er niets van weten en sloot Lola op in een lege kamer. Algauw kon hij de eenzaamheid van het dier niet meer aanzien. Hij overwon de achterdocht van Lola. 'Ze vond het prettig mij te kussen, dat wil zeggen, zachtjes met haar snavel knabbelen aan mijn kin, wangen, een oorlel.' Capote had toen al twee honden, die na aanvankelijke weerzin respectvol met Lola omgingen en vaak samen met haar gingen wandelen. Ze hupte als een hondje naast hen voort.

Na een poosje kon Lola weer vliegen, maar ze vertikte het, behalve als er wat te stelen viel. Weinig was veilig voor haar, of het nu een gouden ring was of het valse gebit van een gast. Ze vond een bergplaats op een boekenplank, achter het verzameld werk van Jane Austen.

Ze zat graag op hand en schouder van Capote. Toen Capote in oktober 1952 in de bar van Hotel Excelsior in Rome voor het eerst zijn collega William Styron en diens vriendin ontmoette, prijkte Lola op zijn schouder.

Die winter had Capote zich in Rome gevestigd. Op Sicilië voelde hij zich niet langer welkom met zijn raaf, het bijgeloof wilde dat een raaf *malocchio*, het boze oog, had. Capote bewoonde in Rome zes hoog een penthouse in de Via Margutta. Lola baadde zich elke dag op het balkon in een zilveren soepkom.

Op een dag hoorde Capote kabaal op het balkon. Een rode kat bedreigde Lola. Lola sprong van de balustrade en viel omlaag.

'Lola! Vlieg, Lola, vlieg!' riep Capote.

Maar haar vleugels, hoewel gespreid, bleven beweginloos. Ze dreigde voor een rijdende bestelwagen te vallen, maar – misschien nog erger – ze belandde in de laadruimte. En daar ging Lola, de Via Margutta uit, een zeer ongewisse toekomst tegemoet.

Toen Capote na vergeefse naspeuringen thuiskwam,

zei hij tegen een buurman: 'Ze dacht dat ze iets anders was. Een hond.'

Gelukkig kon hij haar met zijn schrijftalent onvergetelijk maken.

Kaketoe

Een vogel en een oude man

Het was op deze zomeravond nogal stil in de eerste klasse van de Amsterdamse stationsrestauratie. Het spitsuur was voorbij, de meeste reizigers zaten alweer thuis achter de aardappels. De enige die wat leven in de brouwerij kon brengen, was de witte kaketoe die tot verbijstering van menige toevallige passant domicilie mocht houden op het buffet.

Deze royaal gekuifde vogelgodheid, behorend tot de papegaaiachtigen, had een vernuftig samengesteld onderkomen tot zijn beschikking. Hij kon zitten op twee korte dwarsbalken en met een trapleertje afdalen naar zijn etensbakjes op het buffet. Meestal vertoefde hij op de hoogste dwarsbalk, waar hij tijden mijmerend voor zich uit kon zitten kijken om dan plotseling een serie ijselijke kreten te slaken, die de koffie in je kopje en het bloed in je aderen even kon doen bevriezen.

Kaketoes zijn geen grote praters, maar schreeuwen kunnen ze des te beter.

Hij was nu in een rustige fase. Met zijn zwarte kraaloogjes keek hij langs zijn grauwe, scherpgekromde snavel in mijn richting. De kelner, die weinig om handen had, duwde uitdagend tegen de balkjes, maar de vogel gaf geen sjoege. Wegvliegen kon hij niet, want hij was gekortwiekt.

Op dit moment van algehele landerigheid stapte een oude meneer binnen. Hij was lang en dun en moest diep in de tachtig zijn. Hij droeg een onberispelijk zomerkostuum van een wat onbestemde, lichtbeige kleur, alleen de sandalen eronder zou ik hem afgeraden hebben. Weifelend liep hij door de vrijwel lege ruimte, toen koos hij een tafeltje tegen de verste, bruinhouten wand.

Zonder het menuboekje te raadplegen, bestelde hij een maaltijd bij de toegesnelde kelner. Hij moest hier vaker komen, een echte man alleen, een weduwnaar vermoedelijk, redelijk fit van lijf en leden, nog niet rijp voor het verzorgingstehuis. Koken had hij nooit geleerd, dat deed zijn vrouw wel, maar sinds haar dood moest hij toch echt voor zichzelf zorgen. Een, twee keer per week wilde hij wel eens wat anders dan de kant-en-klaar-andijvie-met-balletjes van Albert Heijn en dan ging hij naar de stationsrestauratie.

Daar kon je nog in je eentje eten zonder al te erg op te vallen. Een chic restaurant met al die gezellig kwekkende stelletjes, daar ging je op zijn leeftijd niet meer heen. Dat was geweest. Eten was louter functioneel geworden. Je vulde je maag en keerde weer terug naar het huis waar niemand op je wachtte.

Het beeld van die eenzaam etende man trof me, omdat ik het herkende uit het leven van mijn bejaarde ouders. Mijn moeder kon niet meer koken en daarom ging mijn vader enkele keren per week met haar in de plaatselijke stationsrestauratie eten. Ik had ze daar nooit gezien, maar nu kon ik me er iets bij voorstellen.

Intussen was de kelner weer teruggekeerd bij de kaketoe. Hij pakte de vogel op en gaf hem aan een collega, die hem hartelijk tegen zijn borst drukte. De vogel vond het aangenaam en liet dat blijken door zijn kuif uitbundig op te zetten. Kaketoes houden van aandacht, wie niet?

De oude man was uitgegeten. Hij wenkte de kelner, rekende af en vertrok. Eigenlijk had hij al die tijd maar één woord gezegd: 'Uitstekend' – het beleefde antwoord op de beleefde vraag of het gesmaakt had.

Verantwoording

Van de drieënzestig in dit boek verzamelde columns werden er drieënveertig nooit eerder in boekvorm gepubliceerd. De twintig andere columns verschenen in de bundels *Daar sta je dan, Barre dagen, Liefde en ander leed, Mijn vader vond het mooi geweest, Een onvergetelijke thuiskomst, Dagen met Kafka.* Alle columns werden tussen 1993 en 2008 in NRC *Handelsblad* gepubliceerd en voor dit boek herzien.

Inhoud

& ANDER GESPUIS